U0128216

減碳社會學

台灣淨零轉型的民意與挑戰

林宗弘、許耿銘、蕭新煌｜著

巨流圖書公司印行

國家圖書館出版品預行編目（CIP）資料

減碳社會學：台灣淨零轉型的民意與挑戰/林宗弘, 許耿銘, 蕭新煌著. -- 初版. -- 高雄市：巨流圖書股份有限公司, 2024.02

　　　　面；　　公分

ISBN 978-957-732-703-1(平裝)

1.CST: 環境社會學 2.CST: 氣候變遷 3.CST: 環境保護

501.64　12019876

減碳社會學：台灣淨零轉型的民意與挑戰

作　　　者	林宗弘、許耿銘、蕭新煌
發　行　人	楊曉華
編　　　輯	林瑜璇
封 面 設 計	毛湘萍
封 面 藝 術	Yu Hyang Lee
內 文 排 版	徐慶鐘

出　版　者	巨流圖書股份有限公司
	802019 高雄市苓雅區五福一路 57 號 2 樓之 2
	電話：07-2265267
	傳真：07-2233073
	購書專線：07-2265267 轉 236
	E-mail：order@liwen.com.tw
	LINE ID：@sxs1780d
	線上購書：https://www.chuliu.com.tw/
臺北分公司	100003 臺北市中正區重慶南路一段 57 號 10 樓之 12
	電話：02-29222396
	傳真：02-29220464
法 律 顧 問	林廷隆律師
	電話：02-29658212

刷　　　次	初版一刷 · 2024 年 2 月
定　　　價	380 元
I　S　B　N	978-957-732-703-1 （平裝）

作者序

　　最近一、二十年來整個環境社會學界所面對的全球議題有著很重大的概念變化，先是全球變遷，後是環境變遷、氣候變遷，再來是永續發展，最近是減碳和淨零排放。從上面這些全球議題各種的變化多少看出：一、從抽象的全球變遷現象和風險轉變到具象的環境願景、氣候變遷和風險現象；二、再從目標性的永續發展具體化到策略性的減碳、淨零排放路徑和作法。

　　台灣的環境社會學界，也迅速反映全球學術趨勢，最先出現的是環境社會學著作，接著是永續發展社會學作品，再來是風險社會學和氣候變遷社會學的出版。

　　如果以本書作者曾參與寫作和出版的台灣環境研究專書主題為例，就可看出上述所提到的論述方向和研究主題的變化：

1. 1987 年，《我們只有一個台灣：反污染、生態保育和環境運動》，蕭新煌著，圓神。

2. 1993 年，《台灣 2000 年：經濟成長與環境保護的平衡》，蕭新煌、蔣本基、劉小如、朱雲鵬合著，天下文化。

3. 2003 年，《永續台灣 2011》，蕭新煌、朱雲鵬、劉小如、紀駿傑、林俊全合著，天下文化。

4. 2005 年，《綠色藍圖：邁向台灣的地方永續發展》，蕭新煌、蔣本基、紀駿傑、朱雲鵬、林俊全編著，巨流。

5. 2008 年，《深耕地方永續發展：台灣九縣市總體檢》，蕭新煌、紀駿傑、黃世明主編，巨流。

6. 2015 年，《台灣地方環境的教訓：五都四縣的大代誌》，蕭新煌主編，巨流。

7. 2017 年，《台灣的都市氣候議題與治理》，蕭新煌、周素卿、黃書禮主編，台大出版中心。

8. 2019 年,《面對台灣風險社會:分析與策略》,蕭新煌、徐世榮、杜文苓主編,巨流。

　　這 8 本與台灣環境有關的專書,每一本書都有具體的研究計畫做為研究發表的資料基礎,可說是一個計畫完成一本書。本書的兩位作者,許耿銘和林宗弘則分別從上述第 6 本(2015 年)和第 8 本(2019 年)開始參與蕭新煌主持的研究、寫作和出版。

　　本書是兩個由中央研究院資助與低碳社會相關的計畫成果所撰寫的最新一本書。第一筆重要研究資料是蕭新煌主持(許耿銘、林宗弘參與)的〈深度減碳,邁向永續社會〉,細部計畫 4.1〈邁向深度低碳社會:社會行為與制度轉型的行動研究〉,子題計畫 1《邁向深度低碳社會之環境意識調查》(計畫編號:AS-KPQ-106-DDPP),為期四年(2017 年 -2020 年)中所進行的兩次民意調查(2017 年、2019 年)結果。第二筆重要研究資料是由許耿銘接手主持(蕭新煌、林宗弘參與)的〈全球風險與在地永續性:氣候變遷在台灣〉,分支計畫 1《台灣社會邁向深度去碳轉型之環境感知研究》(計畫編號:AS-SS-110-06),為期三年(2021 年 -2023 年)中所進行的兩次民意調查(2021 年、2022 年)成果。就此而言,本書三位作者的確有著多年的共同合作研究和發表的經驗,從計畫接手主持人的變化更可以看出永續傳承的意義。

　　此外,本書以減碳社會學為主題,也代表台灣環境社會學研究的轉進,已從一般的環境社會學研究課題轉進到具體的減碳策略社會學探究。它已是當下世界各國氣候變遷最棘手、最迫切的政策挑戰,台灣當然不例外。它更是台灣追求永續發展宏願所欲達成 2050 年淨零排放政策目標,絕對必要進行的關鍵政策過程。副標題是「台灣淨零轉型的民意與挑戰」,更標示本書各章都是從環境社會學的視野和民意調查研究方法去瞭解台灣民眾的減碳態度與行為,探討日常消費行為和對加稅或加價的意願,分析階級與交通不平等及減碳政策偏好,論述民眾對能源轉型與產業政策的態度等。以上這些課題就構成了本書對台灣減碳政策民意基礎的剖析。當然本書也在結論中提出我們對台灣邁向淨零社會的若干政策建議。

台灣於 2022 年公布「2050 淨零排放路徑及策略總說明」,並以「能源轉型」、「產業轉型」、「生活轉型」、「社會轉型」為四大目標推動台灣的淨零轉型,而本書的架構與章節,基本上也都對應了上述的淨零目標。

本書得以出版,特別感謝中央研究院的「台灣社會邁向深度去碳轉型之環境感知研究」與「邁向深度低碳社會之環境意識調查」兩項研究計畫,不僅提供經費上的支持,也提供專業和學術交流平台。

本書三位作者有同等貢獻,林宗弘教授負責數據分析,許耿銘教授整理理論文獻與蒐集調查資料,蕭新煌教授則提供整體研究分析與架構,並整合研究成果。在此過程中全程協助的馬美娟、張聿婷兩位研究助理,在此一併表達謝意。本文部分章節內容曾經發表於期刊或學術研討會,包括林宗弘、許耿銘、蕭新煌,〈臺灣民眾的交通不平等、交通生活方式與減碳政策偏好〉,《都市與計劃》即將刊登,除了期刊審查人之外也感謝本書的兩位匿名評審提供專業審查與修訂意見。最後,我們也感謝巨流圖書的編輯群,提供書稿編輯、校對、印刷等專業之出版服務,才能使得本書順利付梓。

林宗弘、許耿銘、蕭新煌

2023 年 8 月

作者簡介

林宗弘

香港科技大學社會科學博士，現任史丹佛－台灣社會科學訪問學者，史丹佛大學高等行為研究中心 2023-2024，傅爾布萊特訪問學者 2023-2024。中央研究院社會學研究所研究員、國立清華大學社會學研究所暨當代中國研究中心教授、國立台灣大學氣候變遷與永續發展碩博士國際學位學程兼任教授、國立中央大學地球系統科學國際研究生博士學位學程兼任教授。

許耿銘

國立政治大學公共行政學系博士，目前為臺北市立大學社會暨公共事務學系教授兼教務長，其主要的研究領域為都市與地方治理、危機管理、永續發展、氣候治理等。許耿銘教授目前為未來地球委員會中華民國委員會（Future Earth, Taipei）都市工作小組成員，並著有《都市水患風險治理：人文社會之面向》一書。

蕭新煌

美國紐約州立大學水牛城校區社會學博士，現任中央研究院社會學研究所兼任研究員、國立中央大學客家學院講座教授、國立暨南國際大學榮譽講座教授、台灣亞洲交流基金會董事長、總統府資政、國立政治大學東南亞研究中心執行委員會主席。

目錄

圖表目錄

表目錄

圖目錄

第一章

從自力救濟到淨零生活的典範轉型

一、前言

　　近三十年來，氣候變遷受到越來越多人群的關注，全球排放溫室氣體導致地球升溫，有可能使得極端天氣現象發生的規模與頻率增加，特別是風暴、洪水、熱浪、野火與土石流等，對海岸與山坡地等高風險或生態敏感地區的危害程度提升（Anderson 2000），也對世界各國與人口集中之大城市的風險治理能力造成重大衝擊。在全球氣候變遷影響下，有些區域比其他區域面臨更高的危害度，台灣是其中之一。世界銀行的天然災害熱點：全球風險分析（Natural Disaster Hotspots: A Global Risk Analysis）報告指出，台灣有 73% 的土地面積暴露於三種以上天然災害風險之中，面臨三種以上災害威脅的人口也將近 73%，是全球易受到天然災害威脅的地區之一（Dilley et al. 2005），近年來莫拉克颱風（2009）、珊迪颶風（2012）與2021 年的旱災與 2023 年的高溫等，相繼造成嚴重的人員傷亡或經濟損失，台灣民眾對氣候變遷與減碳政策的關注程度也逐漸提升。

　　自從工業革命以來，特別是第二次大戰之後的經濟發展，使得先進工業國家長期依賴化石燃料，以至於過去所累積的歷史碳排放量居高不下；另一方面，隨著冷戰結束之後的前社會主義陣營轉向資本主義，例如俄羅斯主要依賴化石燃料出口的能源產業、與中國經濟在改革開放時期的高速成長與嚴重的環境污染，使得全球溫室氣體排放量大增。二氧化碳與其他溫室氣體排放已經被證實與氣溫升高在統計上極顯著相關，是導致全球氣候變遷的主要因素，也引起相當頻繁的極端氣候事件與日益提升的經濟損失（IPCC 2023）。除了當代人類所面對極端氣候衝擊之外，未來的後代子孫可能面臨更嚴峻的氣候變遷災難風險，這是全球人類與每個社會都需要面對的現實問題（許耿銘等 2016: 270）。

　　如同 2018 年諾貝爾獎得主 William Nordhaus（2013）所言，氣候變遷是一個負外部性造成的賭局，市場只能反映當下可估計的成本與風險，當代的人類為了眼前的獲益擴大溫室氣體排放，逐漸累積成氣溫上升與極端天氣事件，所造成的外部成本與風險未必由當地與當代的排放者承擔，此外，雖然多數經濟體、部分民眾與產業會遭到極端氣候衝擊而蒙受損失，對有些產業來說，氣候危機也是市場需求擴張的機遇。隨著近年來趨於猛烈的暴風雨、洪澇、乾旱、颱風以及森林大火造成的人類與生態損害，使得全球對於準確的天氣、氣候、水文、海洋以及環境科技與生產管理服務、有助於減碳的綠能產業、電動運具、循環經濟的科技工程與投資、或對於天災保險與金融避險工具的需求持續成長（楊晴雯、張哲維 2020: 57）。因此，氣候災難也可能帶動綠能、循環經濟與保險等產業發展。

確實，全球科學社群正在嘗試許多節能減碳科技的研究與發明，例如新能源、碳捕捉或地球工程等，然而，這些新科技尚未成為高效率且低成本的解決方案，要減少溫室氣體排放，不能全靠科學研究或科技發展來解決。在科技創新尚未成熟之際，「減排」仍為人類採取的主要策略，即降低溫室氣體排放量，使其勿超越一定程度，藉此抑制氣候變遷的風險擴大（陳亮全等 2018: 167）。

氣候變遷的負外部性不確定賭局，使得多數受害者與少數獲益者跨越了國界與世代，需要全球各國與跨世代合作才能逐漸減少溫室氣體排放量，其中國際組織、國家、廠商、公民團體與一般民眾都是重要的利益相關者，然而，彼此的風險、成本與利益分配卻極為不均，導致嚴重的政治經濟分歧。就像全球疫情與疫苗科技開發的關係一樣，即使未來科學社群能夠開發出有希望減碳的科技，這種科技的全球投資與分配，仍然必須透過人為制度來協調國際與國內行動者的集體行動，才能達到氣候變遷調適的目標。

首先，全球層次的國際組織，在協調人類減碳的集體行動上，確實扮演重要的角色，陸續針對揭露與限制溫室氣體排放訂定國際規範。例如，1997 年主要國家簽定《京都議定書》（*Kyoto Protocol*），希望降低人類活動所產生的溫室氣體之排放總量，藉此減緩個別國家無法單獨應對氣候變遷而導致之治理危機（蔡東杰、梁乃懿 2011）。在《京都議定書》問世近二十年後，全球氣候變遷會議達成《巴黎協定》於 2016 年生效，參與協定的各國必須明確地列出淨零（Net-Zero）目標及載明減碳策略。淨零指的是在特定的一段時間內，全球人為造成的溫室氣體排放量，扣除人為移除的量等於零，減碳的方式除了節能之外，可以使用新的碳捕捉科技、也可以透過自然機制如栽種植物來達成。所謂的減碳政策，即是國際條約與國家介入所形成的各種公共政策，這些政策與既存狀態相比可以減少溫室氣體排放量、或是增加人為科技與自然機制的碳捕捉量。

　　然而，《巴黎協定》目前尚未擬訂由上到下（Top-Down）的減碳規範，例如全球統一的碳關稅，以及強制世界各國必須確實履行協定目標的罰則（蘇義淵 2020: 72）。此外，國際之間的行動者有囚犯兩難，受到歐美各國石化產業等利益團體與政治民粹主義懷疑論的影響（Jylhä and Hellmer 2020），主要的排碳國家往往不願意受到國際減碳協議的制約，使得減碳與國際地緣政治掛勾，例如美國前總統 Donald Trump 一度宣布退出《巴黎協定》，直到 Joe Biden 當選總統之後，才在 2021 年宣示重返巴黎氣候協定，中國國家主席習近平也在 2021 年 4 月由美國主導的全球領導人氣候峰會上宣示要在 2060 年達成碳中和，但其承諾備受質疑。此外，歐盟已經於 2021 年 7 月通過將從 2026 年起對非歐洲企業的進口產品或服務課徵碳邊境稅（Carbon Border Tax），中國則宣稱將建立全球最大的排碳權交易市場因應。總之，氣候變遷已經成為國際外交與經貿活動之政治角力的一環。

　　在國際氣候協議缺乏強制力的情況下，主權國家往往才是減碳政策的規劃與執行者。為改善全球與國內極端氣候風險，於遵守氣候變遷承諾的框架內，東亞各國政府例如日本、韓國、台灣均透過制定一系列具有約束力的法規與方案，希冀減少國內溫室氣體排放量（呂錫民 2020: 98）。就台灣而言，由於被中國外交打壓與排除在國際組織之外，國家更是減碳政策的主要制定與執行者。

　　自 1998 年起，我國每隔數年召開全國能源會議，討論節能減碳與能源轉型，然而直到最近，台灣仍然無法擺脫經濟結構以高污染、高耗能產業為主之困境（地球公民基金會 2019）。近年來，在民眾氣候變遷風險感知提升下，《溫室氣體減量及管理法》之修正案於 2023 年經立法院三讀通過，更名為《氣候變遷因應法》。依據國際能源總署 IEA/OECD 於 2019 年出版之能源使用二氧化碳（CO_2）排放量統計資料顯示，我國 2017 年能源使用 CO_2 排放總量為 268.9 百萬公噸，占全球排放總量的 0.82%，全球排名第 21 位，屬於極需減碳以改善氣候變遷的高排碳國家（行政院環境保護署 2020）。經過公民團體持續倡議與政府逐漸關注，2022 年 3 月，蔡英文總統公開宣示要達成 2050 年淨零排放的目標，提出「能源轉型要繼續、產業轉型要加速、生活轉型要啟動、社會轉型要公正」等四大轉型路徑，儘管這些淨零轉型路徑的細節尚待充實，總統的宣示將有助於政府與執政黨派落實減碳的相關政策。

然而，國家不是控制氣候變遷風險唯一的利害關係者。在台灣此一資本主義且外銷導向的經濟體中，廠商是國家管制的主要對象與行動者。廠商減碳通常必須付出比現有生產方式更高的成本，除非消費大眾願意負擔漲價的成本或是獎勵永續生產，投資減碳科技的先行者可能會在市場競爭下失敗，全球供應鏈與國內產業的市場競爭，導致產業與廠商層次的囚犯兩難。

政府的管制、財政補貼或處罰會影響廠商行為，在民主國家這些公共支出都要通過民主審議與行政程序，或是對公共政策的資訊透明與宣傳，以取得選民的支持、共識或授權。然而，選民並非孤立而對氣候變遷等環境議題自有獨立偏好的個人，他們具有集體的社會特徵，有教育與收入高低的差別、有家庭與性別、世代差異、有就業狀況產生的階級分化與產業利益、使用不同能源與交通工具，他們也會加入不同的政黨或派系。此外，他們會為利益、理念或人脈關係，加入環保團體與社會運動，創造其政策偏好、並且企圖改變自己與子孫的未來。

在台灣等民主國家，民意會左右政權興衰與政策變化，消費者會決定廠商的投資、市場策略與存亡，而選民或消費者個人除了受到社會不平等的資源不均影響、亦面對集體行動成本與囚犯困境，有些民眾有權有錢、透過參與工商團體或社運團體，比其他人更能影響輿論與政策。民眾對氣候變遷的風險感知、日常生活方式與政策偏好，是否願意隨著國家政策與公民團體倡議而改變，相當值得吾人關注。最終，民眾是否甘願承擔減碳成本與配合政策，將決定淨零轉型的成敗。這也是社會學與政治學者，分析氣候變遷與淨零排放的獨到之處。

環境意識在台灣埋下種子、生根發芽已經超過了四十年。從台灣政治轉型過程來看，1980 年代開始被稱為「自力救濟」的環保運動，一直具有相當關鍵的社會影響力，例如鹿港反杜邦、後勁反五輕、反國光石化、貢寮反核四等，這個階段的台灣環境主義可以說是「自力救濟典範」（NIMBY

Paradigm），民眾的主要動機是出自受害者反污染的自我保護，英語為 Not In My Back Yard，簡稱鄰避 NIMBY，意為「不要在我家後院」。環境污染受害者對抗國家或財團排放者的社會運動，伴隨台灣民主運動與地方政治，逐漸改變民眾的環境意識。依據民意調查研究結果發現，台灣民眾的環境意識和環境知識等面向皆較 1980 年代顯著提升（蕭新煌 2001）。

在 2022 年蔡英文總統宣示要達成淨零排放目標之後，台灣社會必須鼓勵民眾響應從生活中（食衣住行育樂購）來落實減碳、節能、綠化的各種策略，就像過去的資源回收，不只靠國家強制管理，還必須獲得民眾甘願配合，才能減少這些制度創新與運作的成本、提高民眾減碳的效果，在本書中，我們將這種新的生活轉型稱為「淨零生活典範」（Net-Zero Paradigm）。從 1980 年代起的反污染自力救濟、到邁向未來的「淨零生活典範」，即多數民眾接受外部成本內部化之低碳生活方式之間，將是一次重大的典範移轉，民眾的動機必須從單純的反污染集體行動、轉變為環境價值的內化、帶動組織與個人志願性的服從。民眾環境意識與低碳生活行為之間究竟是否一致？民眾對於低碳生活的各個面向，例如日常生活的水電成本、交通成本、能源轉型與產業轉型，是否能夠接受各種國家租稅干預與價格調整，並且逐漸調適為節能減碳的生活方式呢？或者，科學社群與環保團體所倡導的淨零生活典範之陳義與經濟成本或政治風險過高，一般民眾可能無法接受此一典範變革？

在全球多層次的氣候變遷負外部性賭局下，台灣社會之環境主義發展，從過去四十年來的「自力救濟典範」、到未來三十年之「淨零生活典範」的移轉，一般民眾從組織抗爭到面對低碳的日常生活方式改變，必須付出相當的政治經濟代價，因此可以想像，他們的社會經濟條件與政治態度，將會塑造其對日常消費、交通、能源與產業政策之共識與分歧。本書的目的在於建構台灣的「減碳社會學」分析，釐清影響台灣民眾接受或反對減碳政策的人文社會因素。

在研究方法上，我們運用中央研究院所資助的「邁向深度低碳社會：社會行為與制度轉型的行動」和「台灣社會邁向深度去碳轉型之環境感知」研究中，從 2017 年、2019 年、2021 年與 2022 年四波電話訪問的民意調查數據來進行分析，以受訪者的日常節能減碳行為、交通工具選擇、是

否同意政府對民眾加稅或一般物價漲價等方式反映消費的外部成本,以及
願意讓政府對高耗能產業加稅的程度,做為測量民眾支持或反對減碳政策
主要的依變量。我們分析前述數據後相當欣慰地發現,從民眾願意付出的
代價來看,對淨零生活典範的接受程度確有逐年提升。然而,由於各種政
治立場、經濟條件與社會參與的影響,台灣民眾對於減碳政策接受程度有
很大的差異,這些造成民眾政策偏好分歧的人文社會因素,是影響減碳政
策推行成敗的重要挑戰。

二、影響氣候變遷轉型之路的社會因素

　　我們的分析發現,在諸多可能影響民眾對減碳政策偏好的人文社會因
素裡,以環境意識與風險感知、社會經濟條件、公民參與社會資本、性別
角色與世代因素、階級與社會排除以及能源政治或產業利益立場這六類因
素的影響最大。首先,對氣候變遷或環境主義的風險認知在民眾之中累積
與擴散,雖然無法立竿見影改變政策,卻形成了台灣民眾長期環保態度變
遷的動力。其次,個人所得與教育程度影響民眾承擔環境成本的經濟能
力、也會影響其對氣候變遷的風險感知與生態價值。第三,所謂的「社會
資本」,在本書當中主要是參與環保運動或團體,是影響民眾是否支持減碳
政策的主要因素之一。第四,性別角色對低碳政策的態度造成相當矛盾的
影響,女性有較高的環境風險感知、也更支持低碳的大眾交通系統,但是
對水電漲價等提高消費者生活負擔的減碳政策相當抗拒。第五,對不同領
域的政策態度,例如交通、能源與產業政策方面,隨著減碳政策是否影響
受訪者利益,例如能源或石化產業的從業者有其自身利益,導致其對這些
環境政策的態度分歧,這並不難以理解,卻較難說服相關利益團體接受管
制。然而,台灣民眾自身的藍綠黨派立場也影響減碳政策偏好,展現在公
民投票等選舉結果上。事實上,公投結果屢次顯示台灣社會支持環保訴求
的民意並非絕對多數,總是很容易被黨派與利益團體操弄而零碎化,或是
由於某些重大事件衝擊,例如受日本福島核災與停電事故影響,民意經常
前後矛盾或逆轉。因此,關注氣候變遷與推動減碳政策的行動者必須彈性
地進行政治結盟,更有創意地建構民眾可接受的減碳政策與論述。本章將
首先回顧這些影響台灣民眾減碳政策偏好的社會因素。

在有關環境政策偏好的社會科學研究裡，生態現代化理論或環境經濟學經常引導出重要的研究假設與理論，但也有明顯的研究限制。環境現代化理論認為，隨著經濟成長，一國對環境的傷害將會先上升後下降，這是因為一開始經濟發展難免會造成水、空氣與土地等環境污染，隨著人們意識到這些外部環境成本的風險與損失，使得受害者透過抗爭、訴訟或制度變遷，要求污染者減少污染或環境風險（Mol 2001）。由於污染者多半是資本主義下的廠商，例如發電廠或石化業，經濟學者經常將環境議題視為產權問題，只要將被污染的損失計算出來，把被污染的環境產權界定清楚，透過市場機制交易，例如給受污染社區足夠的補償或處罰廠商，隨此成本部分轉嫁給消費者，就可以解決環境成本歸屬的問題（Coase 1937）。然而，經濟學對人類行為的自利假設與產權理論，往往很難落實在環境議題上，例如碳排放的外部成本與風險、影響範圍等都難以計算，若是各人自掃門前雪，將難以解決負外部性的多層賭局（Nordhaus 2013）。

要解釋長期的社會變遷，政治學與社會學者更重視現代公民社會透過公共領域討論政策的「同理心」、「合法性」（Legitimacy）與「反思性」（Reflectivity），如何促成合作與規範行為（Beck 1992）。人類是依賴群體生存的社交物種，會透過資訊交換與反思考慮超越個體利益的群體認同與利益、或考慮更長遠的未來與當下利益之比重、甚至去思考自己與子孫世代之利益的權衡。相對於經濟學假設人們僅追求短期可計算的自我利益，社會學與公共行政學說採取更寬廣的行為假設，例如 Ajzen（2002）認為，民眾行為受到主觀規範、對行為的態度、認知行為控制三個因素所影響，並提出「計畫行為理論」（Theory of Planned Behavior，以下簡稱 TPB）（沈盛達、邱弘毅 2014: 74）。這一派理論認為個體的行為受到「行為意圖」的影響，而行為意圖則是由態度、主觀規範和認知行為控制所決定。相對於物質利益或損失決定偏好的理性選擇模型，計畫行為理論認為個人與群體偏好會有互動與變遷，透過人類自我反省或互相說服、有意識地改變個體行為與整體社會組織運作，以達到環境保護的目標（Oskamp 2000）。

在比理性選擇更寬廣的人性假設下，環境運動不只是公害受損者的鄰避運動，環境教育可能使民眾朝向低碳社會的偏好與習慣，例如隨手做好資源回收與節約用電，因此，一般民眾教育程度與資訊獲取條件改善下的環境意識與風險感知的擴張，會塑造民眾的減碳政策偏好與行為；公民團體參與、社會網絡或文化規範也會影響民眾傳播減碳理念與同意減碳政策的過程。

　　在環境研究文獻裡，很早就有環境女性主義觀點，也有實證研究發現女性對環境風險感知更強，女性卻也常是家計消費的決策者，應付日常生活要精打細算，因此未必會支持提高水電價格的減碳政策。然而，除此之外，人們也仍受到理性選擇與政治態度的影響，例如高耗能產業的就業者更傾向反對政府限制這些產業的發展，綠能或低碳運輸的價格越高於現有能源與運輸工具、民眾可能越難以接受，特別是中低收入的社會階級、或因為缺乏大眾交通工具而依賴機車代步者，此時民眾可能會接受政府補貼綠能或低碳運輸的科技發展、或降低大眾運輸價格等引導減碳的政策措施。我們也發現，與國際上的民粹主義影響氣候懷疑論類似，台灣民眾對政黨政治的態度、與對能源政策例如綠能與核能的偏好高度相關。以下我們將逐一檢視上述變量的理論意涵，並且分享其民調結果。

（一）環境知識與風險感知

　　風險是個重要但具有爭議性的社會科學概念。過去近三十年，美國與歐洲出現風險研究取向的分歧。在歐洲，「風險社會」學派將焦點集中於鉅觀社會變遷，討論多種「現代性」的分類與轉型（Beck 1992; Renn 2008），在美國，風險研究更為個體與經驗取向，以社會心理學實驗或問卷來分析風險感知，學者發現各種社會經濟因素——例如收入、性別與膚色與志願性（風險偏好）影響人們的風險感知程度（例如 Slovic 2010；許耿銘 2014）。從科學、科技、與社會（即英文簡稱的 STS）的認知角度切入，有學者將風險概念區分為實在的客觀風險、主觀風險——包括風險感知研究與科技的社會型塑研究、以及風險溝通與風險治理等眾多主題（例如 Zinn 2008）。根據風險社會理論，在工業革命之後，「第一現代」也就是工業化或經濟發展時期，人類一度逐漸克服天災與瘟疫等「舊」風險；而所謂「第二現代」即已發展國家或後工業社會概念下的「新」風險研究，經常把重心放在具有高度不確定性的新科技——例如核能與基因改造、人工智慧與氣候變遷所造成的「人為」風險上，甚至稱之為「世界風險社會」

（Beck 1998；林宗弘等 2018）。

氣候變遷似乎是風險社會的典型案例，在台灣也不例外。首先，台灣
民眾對氣候變遷造成災難風險的感知持續上升，會影響其對減碳政策的支
持程度。對照蕭新煌在 1985 年於台灣首次進行的環境調查，當時民眾認
為自然災害在台灣造成嚴重（33.6%）與非常嚴重（5.7%）之影響者共計
有 39.3%，相對於認為不嚴重（41.5%）與一點都不嚴重的（3.6%）共計有
45.1%，可以發現當時台灣民眾認為天災不嚴重者呈現相對多數；然而，
以 2017 年的調查結果來看，認為全球暖化在台灣造成的災難性影響「非
常嚴重」一項的受訪者就有 55.8%，若再加上「嚴重」的 32.6%，則高達
88.4%。顯然，在近年來重大水旱災情影響下，對於全球暖化在台灣造成災
難性的影響，民眾越來越有感。

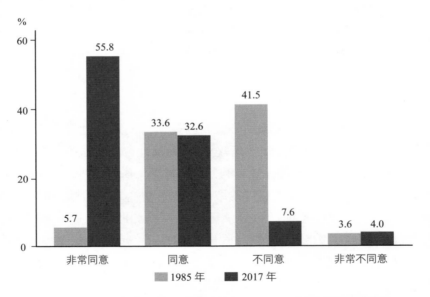

▲ 圖 1-1　您覺得自然災害（全球暖化）是否在台灣造成災難性的影響？

資料來源：蕭新煌 1985: 139；蕭新煌等 2017

風險感知的相關文獻發展已將近半個世紀，其中包括社會心理學與實
驗研究（Slovic 2000），也包括公共行政或商學等應用領域中的風險治理分
析（Renn 2008）。在本文中，風險感知指的是人類社群接收資訊下的主觀風

險感受，如許多社會心理學者所認為的——風險感知包括先天直覺、以及後天取得資訊與分析資訊的能力（周桂田 2003）。舉例而言，研究指出社會階層化中的社經地位與教育程度（在美國包括種族因素）會影響災難風險的資訊取得，教育程度較高或是對某種災害風險有較多資訊或經驗者，其主觀風險感知會比較接近客觀受災機率。實驗結果亦發現相對於客觀受災機率，自願承擔風險者（風險偏好者）可能會低估受災風險、無辜的潛在被害人則傾向於高估受災風險，對風險評估的主觀差異與成本分配不均，常導致對許多科技風險的爭議（Slovic 2000; 2010），例如高耗能產業的從業人員基於自身利益，就可能會低估氣候變遷的風險與成本。

我們過去的研究顯示，受訪者所在地區的氣候變遷危害度（Hazards）、暴露度（Exposure）與脆弱度（Vulnerability）影響民眾的主觀風險感知（林宗弘等 2018；黃榮村、陳寬政 1993；Barnett and Breakwell 2001）。在台灣，研究發現弱勢族群認為自身可能受災機會比其他人高（陳敏生、陳斐娟 2008），例如，住在環境高脆弱區的居民具有較高風險感知（洪鴻智、陳令韡 2012），而且針對水災與土石流這兩種不同天災，台灣民眾居住地區的客觀受災經驗影響他們的主觀風險感知（陳亮全 2005；陳淑惠等 2010），其中天災受災經驗、女性、年齡等是影響民眾風險感知的關鍵因素（李欣輯等 2010: 167）、可能受土石流衝擊的原住民或農民對颱風的風險感知比其他民眾更強（Roder et al. 2016）。許多文獻觀察到不同風險類型造成主觀感知差異（Ho et al. 2008; Kung and Chen 2012）。民眾對氣候變遷導致天災風險感知的強弱，也受到教育程度與社會階級的影響（林宗弘等 2018），因此，台灣社會隨著民眾教育程度提高、經濟發展帶動高等教育或中產階級就業者比例增加之下，其對於氣候變遷的知識與風險感知會日益提升，此一觀點也與生態現代化理論或風險社會理論的預測相符。延續這些研究成果，我們認為對氣候變遷造成極端天災的風險感知越強，台灣民眾越可能支持為環境保護付出代價，如政府加稅或加價的節能減碳政策。

（二）生態現代化或生產的苦力磨坊：個人教育與收入影響

在經濟社會條件如何影響環境品質的研究方面，環境社會學者可以分為兩大主要流派：有「生產的苦力磨坊」（Treadmill of Production）的悲觀論與「生態現代化」（Ecological Modernization）樂觀論，前者受到馬克思主義或其他左派生態理論影響，認為自從工業革命以來，資本主義經濟發展與市場競爭，會使地球生態持續惡化，除非改變資本主義發展的生產方式，否則無法挽回人類持續增加溫室氣體排放與全球暖化的趨勢（Gould et al. 2004）。相對於生產的苦力磨坊論，生態現代化理論認為經濟發展難免會造成工業化初期的生態破壞，但工業化之後人類可能透過反思現代性重新治理環境，達成先發展、後治理的環境污染倒 U 型軌跡。透過選民對政府的壓力強化國家管制、促成企業社會責任或組織消費者運動等手段，資本主義追求利潤的動機本身可能引導廠商走向低碳生產、或是開發出綠色消費的產品（Mol 2001）。

　　生產的苦力磨坊理論與生態現代化理論對前述的多層次負外部性賭局，並非在各層次因果推論完全對立的理論傳統，有些相同與相異的觀點。生態現代化理論對於現代性的代表制度：資本主義廠商與主權國家的動機、能力與行為較為樂觀，認為消費者與選民的理念和利益可以驅動資本主義廠商接受國家管制，從而改變環境污染或碳排放量的軌跡；生產的苦力磨坊理論對資本主義提出強烈批判，卻也把部分希望放在激進民主與國家管制（齋藤幸平 2023）。然而在個體價值與行為層次的假設與實證研究上，這些鉅觀理論的總體因果推論往往與微觀層次的民意調查或研究設計脫鉤。

　　相對來說，生態現代化理論對經濟成長帶動個人社會經濟地位的影響是比較樂觀的，這些證據主要來自後物質主義理論與經驗研究。Ronald Inglehart（1977）的世界價值觀調查（WVS）發現，二次世界大戰後數個世代所經歷的經濟富裕，導致理所當然的物質安全感，也使得新世代更加重視非物質目標，如自我實現、言論自由、性別平等和生態保護等，這個觀點也被應用在個體的社會經濟條件分析上。例如，從 1980 年代就有學者發現西方環保運動的行動主義社會基礎來自於中產階級的參與，他們比起農民與勞工階級更為後物質主義（Cotgrove and Duff 1980）；這類觀點受到跨國比較分析的反覆驗證，然而經濟發展程度與個人社經地位在不同調查、不同國家與各個年度的結果互有矛盾（Dunlap and York 2008）。WVS 資料的多年合併分析顯示，國家的經濟發展程度本身未必提升民眾的環境主義，而是各國民眾對空氣污染等因素的風險感知中介了環境態度（Knight and Messer 2012）。最近一篇整合國際社會調查計畫（ISSP）與 WVS 的研究顯示，個人層次的後物質主義價值觀、高收入與高教育程度能夠顯著預測更強的友善環境態度，國家層次的發展程度影響力卻較為歧異（Mayerl and Best 2018）。

根據國際上的類似分析與本書的研究發現，我們認為個體層次的所得與教育程度大致上與各種減碳政策偏好正相關，高等教育擴張可能提升環境知識與後物質主義價值，而所得較高的民眾可以忍受支付的環境成本也會提升，長期來看台灣社會的氣候變遷風險意識與減碳政策偏好也有改善，然而就像跨國比較研究裡測量經濟發展之 GDP 對環境主義理念影響的不一致結果，主張環保之民意的整體風向不是隨經濟發展就能自動變化，經常受到經濟衰退、地緣政治、國內政局與科技風險事件的衝擊而反覆。有鑑於此，個人層次的社會經濟地位常能獲得顯著結果，相對地鉅觀理論卻很難得到一致的支持。

（三）公民參與或社會資本的影響

在政治學文獻裡，「社會資本」這個概念廣泛地指涉社會網絡、規範、信任，使個人能採取集體行動並追求相同目標（Putnam 1995），有助於生產公共財（Ostrom 1990）。在社會學界，來自台灣的美國學者林南（Lin 2001）延續法國學者 Bourdieu（1984）觀點，認為社會資本是指個體社會網絡所能動員的資源，與政治學觀點並不互斥。除此之外，也有學者認為網際網路可能帶來更豐富的社會資本，但實證研究結果並不一致（林宗弘 2012）。

社會資本越高的民眾是否會提升其對氣候變遷的風險感知，或是更加支持節能減碳的政策呢？近年來確實有國際文獻支持這些觀點。例如，Jones 等（2012）以氣候變遷為例，認為民眾的社會資本可以促進彼此訊息的交換，而交換訊息亦可確認民眾的風險感知。研究結果發現社會資本較少的人，相對容易意識到氣候變遷所帶來的高風險；而具有高社會資本的人，往往比較不容易感受到氣候變遷的風險。然而，亦有研究指出緊密的社會網絡會讓成員之間相互影響，提升其主觀風險感知（Wolf et al. 2010），進而提高面對風險的調適能力（Adger 2003: 401）。此外，Fairbrother（2019）的系列研究，從英國的心理實驗到世界各地的社會調查皆一致發現，政治信任明顯影響民眾的環境態度，對政府或社會信任度越高者，越是願意為解決環境問題付出代價，即同意加稅或漲價。

然而，前述的研究對於如何測量公民參與、社會網絡或信任等，並沒有一致的研究方法，也很難論證所測量到的社會資本影響環境態度與政策偏好的機制。例如，支持核能的高耗能產業公會會員與反核的環保團體成員，從民意調查問卷來計算都有一定的社會資本，然而其對核電政策的影響並不相同。因此，我們對此一公民參與或社會資本，採取較為狹義的估計方式，參考全球政體理論對 NGO 數量或參與比例影響環境立法的傑出研究（Longhofer et al. 2016），我們認為環保團體或參與反核相關運動，是影響台灣民眾政策偏好的優良指標，即參加環保團體的成員或參與過反核運動的受訪者，才算是有關環保的公民參與或社會資本，因此更能合理解釋這些受訪者接受節能減碳政策的態度與偏好。

（四）性別、世代與減碳政策偏好

許多國際文獻發現女性與年輕世代比較關心環境議題。本研究也探索了兩性與世代對節能減碳政策態度的差異，雖然世代差異可以從理性自利的角度來詮釋，即年長世代著重眼前利益，更少考慮對未來或年輕世代長期的風險損失，但也可以從後物質主義的角度來理解，即年輕世代溫飽足以受到保障，因此更注重環境主義。性別差異則顯然很難從理性選擇學派的人性自利假設得到解釋，但現有的民調結果，也未必能夠證明女性更接受必須付出代價的節能減碳政策。

生態女性主義一詞來自法國作家 Francoise d' Eaubonne（1974）的著作，這個概念在 70 年代到 90 年代期間，對其他反核、女同志女性主義者和環保運動者有很大的吸引力，通常生態女性主義者認為，無論性別角色是來自社會建構或生物演化的因素，父權體制下的男子氣概偏好征服自然或損耗資源來支配他人，反之女性可能有友善自然環境的親近性。因此，女性比男性更在意氣候變遷的風險、並且較願意採取行動來改善環境（Pellow and Brehm 2013）。

　　在各國類似的民意調查研究裡，女性的環境態度與男性確實有顯著差異，有不少研究發現女性較願意從事私人環境友善的行為，至於公眾活動，例如環境抗爭則兩性並無顯著差異、或仍以男性為主（Hunter et al. 2004），除了一般的環境態度之外，特別針對氣候變遷的知識與關心程度的研究也顯示，無論是在發展中國家或是先進國家，例如美國，女性對氣候變遷的知識與關注程度高於男性（Mensah, Nursey-Bray, Rudd 2019; McCright 2010）。然而，節能減碳往往必須付出一定的代價，雖然女性被證實通常比較願意配合改變私人行為，例如隨手關燈或資源回收減少浪費，但是很少研究針對付出經濟代價的政策進行性別分析。

　　台灣女性在環境運動當中經常扮演傑出的領導角色，例如台灣推動綠色消費較知名的「台灣主婦聯盟生活消費合作社」（以下簡稱主婦聯盟）。1993 年，由於鎘米事件及農藥殘留等問題，主婦聯盟環境保護基金會「消費者品質委員會」的一群媽媽，為了尋找安全的食物，跑遍台灣，找尋新鮮、無農藥的米，集合一百多個家庭，展開「共同購買」運動，直接向農友訂購米和葡萄，2001 年起轉型為「台灣主婦聯盟生活消費合作社」，至今有超過 8 萬個家庭加入（台灣主婦聯盟生活消費合作社 2015）。然而，如此成功的運動似乎仍未成為台灣的主流民意。我們的研究顯示，女性可能較關心氣候變遷的風險、但是也同樣擔心家庭支出的增加，台灣女性並非生態女性主義者所主張的一面倒向環保態度與減碳政策。

　　在世代對節能減碳的態度差異方面，從表面上看，理性選擇理論認為年長世代的理性預期人生時間較短，更可能希望獲得眼前的物質利益而不在乎未來的風險，而後物質主義理論（post-materialism）也認為年長世代較注重物質利益，而經濟已經發展條件下的年輕世代則較少考慮溫飽、較注重展現自我與環境品質等後物質理念（Inglehart 1977），過往研究也發現後物質主義價值的出現會促進環保意識的興起（鄧志松等 2015）。當調查年度不足時，兩者對世代差異的分析都必須透過年齡變量來進行，導致其結果似乎沒有不同（林宗弘 2015）。本研究認為，世代仍然可能在低碳政策偏好上扮演一定的角色，值得探討，然而在控制教育與所得等個人社會經濟地位指標之後，可能會發現環境態度的世代差異其實是其他中介因素造成的，例如高等教育擴張剛好發生於較晚世代，而造成其環境主義的提升，一旦控制教育程度，高齡世代也未必就會偏向物質主義。此外，新進世代由於青年貧窮與經濟衰退打擊，也可能倒退回物質主義價值觀。因此，不同世代的經濟處境與後物質主義的起伏並非線性或顯著關係。

（五）階級、社會排除與交通政策偏好

階級分化是資本主義社會裡常見的政治議題，新馬克思主義者認為資本主義生產關係造成對生產剩餘的剝削，界定了階級位置，而階級位置可以分為雇主、各種中產階級與被支配或剝削的勞工階級（Wright 2010）。確實，與所得或教育程度類似，階級也可能會影響民眾對減碳政策的偏好（Buttel and Flinn 1978），多數研究認為中產階級相對於工人階級有較高的環境意識，有些研究認為兩者無顯著差異，但是晚近的研究顯示環境意識會逐漸擴散，因此會隨時間從中產階級顯著較高變成無階級差異（Pampel and Hunter 2012）。階級或社會經濟地位變量與前述的教育與收入的論爭經常混淆，在台灣相關文獻裡有待釐清。

近年來在全球化影響下，「社會排除」被視為先進福利國家的新挑戰（Berghman 1997; Esping-Andersen 1999: 2; Van Berkel and Møller 2002: 3）。社會排除一詞是由 Lenoir 率先提出（Lenoir 1974），可連結到 Sen（1981）有關飢荒的著作，探討民眾權益（Entitlements）對種族差異、勞動市場區隔、階級分化所造成的經濟、社會與文化後果，特別指涉全球化影響之下福利國家公共服務所排除之遺漏人口，例如新移民或非典型就業者等（李易駿 2006）。社會排除與階級有高度相關與交互作用，其範圍比貧窮更為廣泛（范麗娟等 2013），例如 Beall 與 Piron（2005）認為社會排除是指個人或組織，因為國籍、性別、居住地等因素，受到制度與權力之影響，而被排除在某些生涯機遇（life chances）之外，且遍及政治、社會、文化、空間等層面（朱柔若、孫碧霞 2008），並造成貧窮或不平等現象擴大或跨代複製。隨著社會排除概念應用到多元社會弱勢相關主題，其意涵也有擴大與模糊之處（張菁芬 2011；Kamruzzaman et al. 2016）。例如 Kenyon 等人（2002: 210-211）認為人們無法獲得參與政治、經濟與文化社群或網絡的機會，即為社會排除。近年台灣學者關注社會排除現象，例如青年失業、老人獨居以及新移民家庭等（葉祖欽、李易駿 2007；李易駿 2006），多使用次級資

料分析法，針對國際指標進行檢驗（王永慈 2001；李易駿 2006；2007），
俾推算社會排除人口比例或特徵。

我們發現，國際文獻已經將貧窮與社會排除延伸到能源與交通領域，
能源價格高漲導致部分人口的能源與交通貧窮（Martiskainen et al. 2020），
交通貧窮或交通社會排除指涉人們由於交通資源不足或缺乏移動能力而無
法參與經濟、政治與社會活動（林宗弘等 2023）。在歐美國家能源貧窮、
特別是冬季能否供應暖氣會明顯影響民眾的生活，但是在台灣能源價格偏
低的歷史脈絡裡，較少成為政策議題。就交通貧窮或社會排除議題來說，
國際上針對青年或農民調查，發現生活在郊區的年輕人由於交通社會排
除之故，無法滿足生活需求，例如就業、健康照護、教育等（Cartmel and
Furlong 2000）。相較於都市家庭，較窮的農村家庭反而更依賴使用汽車
（Roberts et al. 1999）。交通社會排除的概念也會影響交通政策的目標，轉向
提供公民參與社會生活的相等機會（Casas 2007），對於無法順利運用交通
工具的弱勢群體，則需要考慮交通的社會包容（Shove 2002）。對偏鄉農村
人口而言，基礎交通建設是解決此一問題的決定性因素（McDonagh 2006）。

台灣民眾近年來對低碳運輸的偏好大幅提升。根據 1985 年的調查結
果，僅有 27.0% 的受訪者認為「完善的運輸系統」是環境問題的解決方案
之一；就 2017 年的調查結果而言，針對「政府應該建立完整的低碳交通系
統」，有 93.6%（非常同意 62.0%，同意 31.6%）的受訪者支持。

我們認為，台灣的階級不平等導致交通社會排除，影響民眾的交通成
本與對於節能減碳政策、特別是低碳交通運輸的接受程度。根據我們的研
究調查，台灣民眾的主要交通生活方式區分為三類 (1) 機車，(2) 大眾交
通工具、自行車或步行，(3) 汽車，這三種交通生活方式是城鄉差距、社
會經濟地位與社會排除等因素綜合影響下的結果。在國際研究文獻裡，
Thøgersen（2018）根據歐洲跨國數據研究發現，除了民眾個人因素與地
區交通等社會排除相關因素外，交通生活方式是重要的變項，會影響友善
環境政策的態度。該研究雖然是一大突破，仍有些未竟之處。首先，該文
首度證實交通生活方式影響友善環境態度，卻尚未探討民眾的公共政策偏
好；其次，台灣與歐美各國不同之處，在於歐洲城市的大眾交通系統相對
便利，幅員廣大的美國社會則更為依賴汽車與公路交通，或許加上氣候較

寒冷而極少仰賴機車，台灣卻常見將機車做為主要的交通生活方式。因此，我們將結合台灣本地交通社會排除與機車使用的實際情況，探討依賴機車與汽車的民眾對於低碳交通政策的偏好。

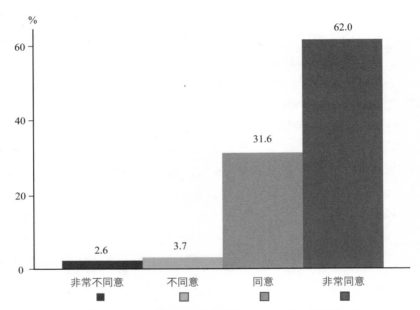

▲ 圖 1-2　民眾認為政府應該建立完整的低碳交通系統

資料來源：整理自蕭新煌等 2017

（六）能源政治、高耗能產業與減碳政策偏好

能源相關產業是經濟發展的動力、也是碳排放的主力，涉及龐大的政治經濟利益，因此也是低碳政策議題中最可能受到國家管制與民眾抗爭的關鍵產業。台灣民眾過去對空氣污染的風險感知較低，近年來才提高警覺，而台灣藍綠兩陣營過去針對核電議題有截然不同的立場，在環境運動與公投運動的影響下，黨派立場往往會影響對核電的態度，對核電的態度又影響節能減碳的政策偏好。

核電在台灣是個相當政治化的議題。1986 年，蘇聯在今烏克蘭境內的車諾比核電廠發生爐心熔毀事故，震撼世界，啟發風險社會理論。蕭新煌教授於該年研究裡，首次探索台灣民眾對於核能危險性的風險感知，由於黨派立場影響，民眾對核電安全性看法兩極化：一部分人認為核電很危險，另一部分人則不同意此一說法（蕭新煌 1986: 101）。然而，當時多數民眾並不瞭解核電，此問卷裡有約 30% 的受訪者，在回答有關核能危險性的相關題項時，答覆「不知道」。隔年台灣爆發了史上第一次反核遊行，並且隨著貢寮反核四自救會成立，反核運動逐步升級擴大，在 1990 年代每年均有遊行示威。結果在 1999 年的調查中，台灣民眾回答「不知道」的比例，已大幅降低至 10% 以下。在 2011 年日本福島核電災害之後，2017 年本研究的調查裡，非常同意與同意核能電廠具有高度風險的民眾，各占 39.7% 與 40.2%，認為核電廠有風險的受訪者總數超過了七成九，回答不同意與非常不同意的比例分別是 13.9% 與 6.2%。

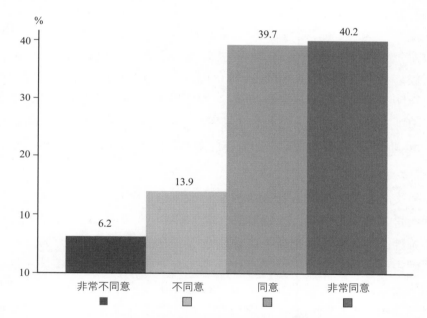

▲ 圖 1-3　有人說，核能電廠具有高度風險，請問您同不同意？

資料來源：整理自蕭新煌等 2017

　　除了高度政治化的核電議題之外，2020 年全球科學社群通力合作的「未來地球」研究計畫，針對氣候變遷議題所發表報告當中，認為氣候變遷否定論的政治與社會因素，與民粹主義有關（Jylhä and Hellmer 2020）；同時有研究發現一國的民粹主義與碳排放產業密切（Calland and Calland 2020）；

最後，報告認為環境主義的公民團體有助於對抗氣候變遷否定論。有別於過往天真呼籲應重視社會、文化、生活方式等「有助於」因應氣候變遷和減碳轉型的社會因素，歐美研究發現近來能源產業資助假藉人民、民間、草根之名的民粹主義，刻意提倡質疑、反對或否認有氣候變遷事實的「氣候變遷否定論」（Climate Change Denialism）；民粹政客將氣候變遷論述污名化為「自由派的騙局」，並藉此阻擾、反對任何積極因應氣候變遷或減碳的政策，號稱這些氣候政策會打擊產業，降低經濟成長和減少就業機會。此一民粹主義的社會基礎，就是群眾對經濟衰退、物價膨脹與失業等物質利益與社會風險的恐懼。這種「否定氣候變遷科學證據論」的民粹主義及其倡議的右翼保守政黨，在歐美各國形成不可忽視的政治勢力。歐洲議會中屬於右派民粹黨派的成員約三分之一，固定反對任何有關氣候和能源政策的提案；其次，投票反對氣候及能源政策方案的選民中，有一半具有民粹政黨黨員身分。此外，在 21 個右派民粹政黨中，7 個（1/3）直接否認「氣候變遷」、人類世（Anthropocene）的肇因及其負面效應。根據世界資源研究所（World Resources Institute）的分析，在美國川普總統時期全球溫室氣體排放量有三成是來自於那些被民粹主義政黨掌權的國家（Calland and Calland 2020）。本書也將對這些全球能源政治與國內黨派政治的情況進行探討。

最後，雖然台灣的直接碳排放有七成來自能源產業，其中大約九成可以歸咎是發電業，然而在能源需求一端，有將近一半（48.7%）的能源消費是工業部門的用電大戶造成，能源產業自身的排碳責任只有 14%，其中鋼鐵業就占一成的排碳，石化業與水泥業、以及後來居上的電子業，構成了所謂的高耗能產業，這些產業的總排碳量，遠超過民眾家戶或一般消費用電以及運輸部門的排碳量。台灣經濟發展相當仰賴產業的外銷，這些排碳量的主要責任即在於外銷之高耗能產業、與境外的客戶或消費者，除了能源產業之外，如何管制高耗能產業也是重要的國家減碳政策議題。台灣民意在這方面的變化如何，是本書第五章的另一主題。

三、研究設計與資料來源

（一）調查設計與資料概況

　　本研究希望分析從自力救濟到低碳生活的典範移轉過程，典範移轉也意味著承先啟後。回顧過去的台灣環境運動對民眾環境意識發展的影響，有過少數關鍵性的學術突破。首先，蕭新煌教授自 1980 年代開始關注台灣民眾整體的環境意識、環境運動與如何實踐環境保護，且著手進行台灣環境正義與環境意識相關研究（紀駿傑、蕭新煌 2003）。在蕭新煌教授（2000）發表的「台灣民眾環境意識的轉變」研究中，仔細地探討過 1986 年戒嚴時代與 20 世代末民眾環境意識的差異，調查結果指出：台灣民眾較以往熟知保護自然環境的重要性，與此同時，環保團體對於環境遭受到破壞的關注實又更甚於一般民眾，諸多研究（例如：蕭新煌 2001；蕭新煌、尹寶珊 2001；周桂田 2004；Chou 2007；葉俊榮、施奕任 2005）亦有相關發現。首先，台灣民意對環境保護與經濟發展的偏好通常處於兩難，民眾總是希望經濟能繁榮發展，同時也能兼顧保護自然環境，近年來台灣民眾維護自然生態的價值偏好開始超過經濟發展，亦即典範轉移仍繼續進行中。

　　為了與過去的民調結果進行跨年度的比較，「邁向深度低碳社會之環境意識調查」再次探究台灣民眾的環境意識，期望藉由討論台灣民眾於不同年度（1985 年、1986 年、1999 年、2001 年、2017 年、2019 年、2021 年）之相關環境意識調查結果，比較其中是否存在明顯差異與轉型趨勢；2017 年到 2022 年四波問卷，除了 2021 年問卷委託《聯合報》民調中心外，其他三波問卷調查均委託中央研究院調查研究專題中心，以電話訪問進行資料蒐集，採分層多階段隨機暨戶中抽樣法（random digit dialing using stratified multi-stage probability proportional to size, within household sampling），第一波於 2017 年 7 月 17 日至 8 月 7 日期間進行正式訪問，實際完成總案數為 1,211 案；第二波於 2019 年 7 月 16 日至 8 月 1 日期間進行正式訪問，實際完成總案數為 1,190 案；第三波於 2021 年 12 月 9 日至 12 月 19 日期間進行正式訪問，實際完成總案數為 1,246 案；第四波於 2022 年 7 月 25 日至 8 月

26 日進行正式訪問，實際完成總案數為 1,233 案；本研究的調查母體為年滿 20 歲以上、家中有電話且居住於台灣地區（含澎湖）、福建省連江縣與金門縣的居民。研究團隊透過問卷調查，欲瞭解有關台灣民眾在低碳社會轉型中的行為與意向，涵括民眾的低碳態度和行為、政府的制度和政策兩大部分，並多數採用李克特五點態度量表。

（二）低碳社會的五個主要政策領域與本書架構

如前面的文獻回顧所述，氣候變遷風險感知、社會經濟地位、公民社會參與、性別與世代差異、階級與交通方式、以及黨派政治立場等六項因素，對台灣民眾的減碳政策偏好有重要的影響，這六個社會因素即是我們主要的自變量，在本章裡介紹其理論意涵與測量方式，接下來我們要探討的是減碳政策偏好的主要依變量。本書所探討減碳政策偏好的五個領域，首先，希望瞭解台灣民眾日常生活裡的節能減碳私人行為。其次，我們將探討民眾對減碳政策導致加稅與漲價的接受程度。第三，我們將討論民眾交通運輸節能減碳的政策偏好。第四，從直接的碳排放量來看，特別是能源產業中的發電業是台灣最主要的碳排放廠商，如何使用能源、節約能源、甚至如何發電，都與減少碳排放息息相關，也引起最多的社會爭議與政治衝突。最後，從間接的碳排放量來看，除了能源產業本身，石化、鋼鐵、電子與運輸這四個產業堪稱為台灣能源消耗最多的產業，本研究將分析民眾對於國家管制這五類高耗能產業相關政策的態度。

本書的架構，第二章即淨零生活典範移轉，探討民眾是否言行一致，同時介紹本研究的敘述統計與部分調查結果；第三章探討民眾對減碳政策加稅與漲價的態度；第四章為民眾的交通生活方式、與其對交通減碳政策的偏好與態度；第五章為民眾對能源政策與產業政策的態度。前述的氣候變遷風險感知、社會經濟地位、公民社會參與、性別與世代差異、階級與交通方式、以及黨派政治立場，分別對這五個政策領域產生或多或少與不同方向的影響，因此無論是國際組織、國家或公民團體，對前述五個減碳政策領域的改革，應該要考慮影響民眾偏好的途徑，才能有效達成自力救濟典範往淨零生活典範之移轉，邁向淨零社會。我們將在第六章的結論中延伸討論這些推動典範移轉之策略性的議題。

第二章

台灣民眾減碳態度與行為的變遷

一、前言

　　過去四十年來，台灣民眾對環保的認知與行為，逐漸從反污染的自力救濟，轉型到淨零生活典範的追求。面對相當艱難的認知、動機與日常生活習慣轉變。本文以減碳政策來概括因應氣候變遷減少溫室氣體排放量的相關政策，淨零生活典範則是未來尚待達成的社會永續發展目標。淨零生活的典範轉型不僅是科技研究與發展議題，也是人文社會因果或相關性的問題。我們將探討廣義的社會因素，包括經濟、政治與社會學所關心的重要人文社會變量，對民眾是否願意改變日常生活與配合減碳政策的影響。

　　透過文獻回顧與對近年來民意調查的分析結果，我們認為以下的六大類人文社會因素：民眾的環境意識與風險感知、所得與教育程度所衡量的社會經濟地位、公民參與及社會資本、性別角色與世代差異、階級分化與交通生活方式，以及能源政治或產業利益立場，影響台灣民眾對政府推動主要減碳政策的偏好或抗拒程度。亦即，這六大類社會、經濟與政治因素，是影響民眾是否願意改變生活方式與認同國家減碳政策的自變量。

　　本書所謂的主要減碳政策領域，根據台灣產業發展與民眾日常消費所造成的排碳量估計比例，可以區分為：第一，消費端的民眾日常生活裡的節能減碳行為；其次，政府或能源產業為了減少能源消耗所造成的排碳，對個人推動加稅與漲價政策，受訪民眾的接受程度；第三，民眾交通運輸節能減碳的政策偏好，例如減少自駕車或購買電動車、使用自行車或大眾交通工具等低碳運輸方式；第四，從直接碳排放量來看，特別是能源產業中的發電業是台灣最主要的碳排放源，如何節約能源，甚至如何發電或提高電價，都與減少碳排放息息相關，電業發展也引起最多的社會爭議與政治衝突；最後，從間接的碳排放量來看，石化、鋼鐵、電子與運輸等產業可以算是台灣能源消耗最多的產業，本研究將分析民眾對於國家管制高耗能產業相關政策的態度。也就是說，這五大類日常生活習慣或環境政策偏好，是我們想探討的主要依變量。

　　依據前述六類自變量與五個依變量的順序，本章將介紹中央研究院所進行的「邁向深度低碳社會之環境意識調查」的研究設計，簡述問卷調查的結果，除了說明當前台灣民眾日常生活節能情況與對減碳政策的大致態度、提供描述統計與變量相關性的基本資訊之外，也有助於在接下來的每個章節，分別針對自變量與依變量的關聯性進行更深入的分析。

二、影響減碳政策偏好的人文社會因素

本書從文獻與過去的研究裡找出六大類人文社會因素：環境意識與風險感知、個人社會經濟地位、公民參與及社會資本、性別角色與世代因素、階級分化與交通方式，以及能源政治與產業利益立場，會顯著影響民眾的減碳生活習慣與減碳政策偏好，本節將說明這六大類社會因素，是如何進行問卷設計與測量。

（一）環境知識與風險感知

根據 IPCC 第六次評估報告，暖化所造成的氣候變遷，會改變降水頻率及擴大降雨量（短時間強降雨）、增加部分地區旱災的強度或頻率；冰山融化會造成島嶼、低窪沿海地區及三角洲曝露於海平面上升的多種風險，例如鹽水入侵、洪水與潮汐破壞沿海城鎮與基礎設施；氣候變遷也可能造成物種損失及絕種等，對生物多樣性及生態系統造成衝擊；漁業、農業常依賴這些生態系統和其提供給人類的功能與服務，因此會造成農漁業的損失；人類健康、生活、糧食安全、水供應、安全及經濟成長等氣候相關的風險持續擴大（IPCC 2023）。

然而，在全球相關研究裡，依據已發展國家的民意調查顯示，例如：美國仍有許多民眾懷疑氣候變遷的真偽，也就是氣候變遷否認論者（Climate Change Denialism），這類觀點質疑氣候變遷的科學證據仍有極大不確定性、或是認為氣候變遷就算為真，質疑其不會造成環保人士所預期之嚴重的災難後果，通常這一類看法會獲得右派政治民粹主義、與能源產業利益團體的支持（Jylhä and Hellmer 2020）。台灣究竟有沒有氣候變遷否認論者？否認氣候變遷的真實性，是否造成台灣民眾抗拒政府推行與環保團體倡議的減碳生活與減碳政策？

　　從我們的問卷調查結果來看，值得慶幸的是，截至研究調查的 2022 年為止，台灣民眾對氣候變遷的風險感知仍在逐步提升。與國外比較起來，台灣社會極少民眾會被歸類成氣候變遷否認論者。依據 2017 年民意調查的資料分析來看，針對「全球暖化會對台灣環境造成災難性的影響，請問您同不同意？」，表示非常同意的受訪者比例為 55.6%，表示同意的受訪者比例則為 32.3%；2019 年調查則有 61.7% 的受訪者表示非常同意，30.7% 的受訪者表示同意（請參見圖 2-1）。在 2017 年到 2019 年的兩個年度之間，不同意全球暖化的威脅者從 12.1% 下降到 7.6%，然而在 2021 年否認論者增加到 14.1%，2022 年又下降到 11.4%。整體來看，台灣民眾之中的否認論者大約一成，這些少數民眾對全球暖化造成台灣的環境災難抱持懷疑的態度。

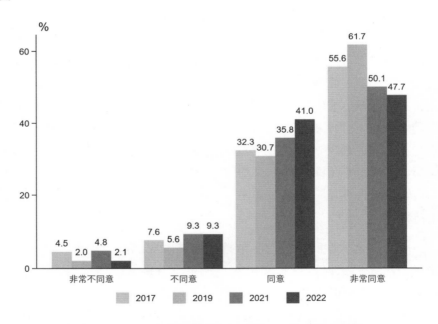

▲ 圖 2-1　同意全球暖化會對台灣環境造成災難性的影響

資料來源：整理自蕭新煌等 2017；許耿銘等 2021

　　不過，透過更深入的統計分析顯示，在非常同意、同意、不同意與非常不同意全球暖化造成環境災難的這四類民眾裡，同意程度的分類與順序，仍然會影響之後對加稅或漲價、選擇低碳交通工具的意願，以及其他的減碳政策偏好。此外，同意與非常同意這兩類的比例變動，顯示隨著近年來台灣經歷風災的頻率下降，非常同意者其實在逐年減少，從 2019 年六成以上降到 2022 年的 48% 左右，也就是說，雖然台灣沒有大量民眾屬於氣候變遷否認群體，對氣候變遷風險感知的強烈程度，很容易隨著國內與國際重大事件如莫拉克風災與福島核災改變，仍然會影響民眾採取減碳生活方式的意願高低。

為了與全球暖化風險感知相互對照，我們在此次調查裡設計了另一個有趣的題組，用來測量對核電廠的風險感知。中央研究院的台灣社會變遷調查曾經發現，2019 年的國際社會調查（ISSP）環境題組裡與十年前相比，民眾普遍認為核電廠有高度風險的比例上升。部分原因是兩次調查期間發生 2011 年的日本福島核災；然而，若是以我們調查裡的 2017 年與 2019 年相比，2017 年認為核電廠具有高度風險（同意與非常同意）的民眾高達 79.9%，而 2019 年卻大幅滑落到 64.3%，減少 15.6%（請參見圖 2-2）。

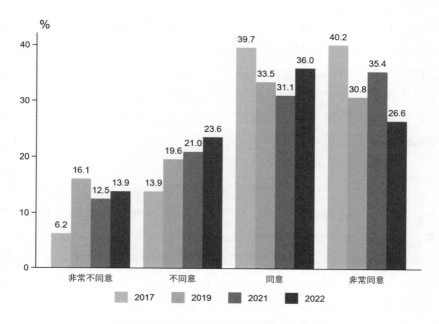

▲ 圖 2-2　同意核能電廠具有高度風險

資料來源：整理自蕭新煌等 2017；許耿銘等 2021

由於我們研究的兩次調查期間，發生影響民眾偏好的 2018 年 11 月九合一地方選舉與《電業法》公民投票案，國民黨動員民眾投下反對 2025 實現非核家園的公投票，與 2017 年相比之下，政治動員可能使得偏向泛藍或中間的民眾，大幅移向不同意或非常不同意核電廠有高度風險的感知，使得這些認為核電安全或低風險的民眾比例從 20.1% 成長到 35.7%，與國民黨的支持者比例相近（殷志偉、劉正 2020）。這次以政黨動員改變能源政策偏好的經驗顯示，未來不能排除若是台灣也出現主要政黨支持氣候變遷否定論，可能帶動一股改變民眾風險感知的民粹風潮，我們將在介紹第五個能源政策、高耗能產業管制與黨派立場的自變量時，進一步討論這個議題。

（二）個人社會經濟地位

如前一章曾經回顧的，鉅觀的經濟成長與生態條件的關係分為生態現代化理論與生產的苦力磨坊理論，主要處理每人平均 GDP 或每單位的 GDP 成長率，與一國污染總量或每人平均污染排放量之間的關係，是一個倒 U 型曲線、或是持續增長的指數（Jorgenson and Clark 2012），這兩個總體理論很難拆解為個體層次的問卷測量。在我們的研究裡試圖以個人的教育程度或個人所得來處理這個議題，即使用較可能隨著經濟發展，導致代間或代內個人社會經濟地位持續積累的兩個自變量：教育程度與個人所得，分析其是否影響受訪民眾的環境態度或政策偏好。然而，教育與所得這兩個變量雖然都起源於後物質主義文獻，所測量的社會科學理論還有些許不同，值得在此多做說明。

後物質主義理論認為，教育擴張和個人所得增加能藉由經濟發展的過程獲得提升，但兩者效果方面略有不同。針對高等教育擴張的主要效果，亦即客題主觀價值 OPSV（Objective-Problems-Subjective-Values）理論，意指民眾透過獲得資訊進而瞭解環境問題的客觀事實，也轉變其主觀的環境理念（Inglehart 1977; 1995）。然而理性選擇學派的公共經濟學者的論證著重於增加個人所得，認為當民眾基本經濟安全獲得保障並對自己的私有財感到滿意後，將希冀公部門或公民社會能夠投資具有外部性的公共財，如：醫療、教育和環境保護等面向，俾利促進生活品質以及全民分享外部效益。其中，個人所得越高者，對於改善環境和生活品質的邊際支出會提高（Franzen 2003）。

後來針對這兩個論點的跨國比較研究顯示，教育對環境態度似乎比所得或社會經濟地位有更一致性的解釋力，而在總體經濟發展程度與個人社會經濟地位的交互作用上，由於所使用的調查年度與 WVS 或 ISSP 等不同問卷差異，有加成論與無統計顯著的不同結果（Dunlap and York 2008; Franzen and Meyer 2010; Knight and Messer 2012; Pampel 2014; Mayerl and Best 2018）。

從理論源頭與經驗文獻來看，後物質主義理論的 OPSV 假設仍然主導了國際調查與問卷設計，而後物質主義理論通常被視為政治現代化理論或消費社會的分支（Inglehart and Welzel 2005），較少被歸納到受馬克思主義影響之生產的苦力磨坊文獻，因此本文試圖以個人教育程度或所得來驗證生態現代化理論在微觀層次的影響。另一方面，生產苦力磨坊論較強調資本主義的階級分化與負外部性擴大，在資本家或一般勞工階級出現對環境主義或減碳政策偏好的負向影響則較支持此一理論，因此兩者並非完全互斥的論證，而僅是在生產或消費與階級變量影響減碳偏好程度的重心不同。對友善環境態度或政策偏好的依變量，教育通常會有顯著影響、所得則是有時顯著，而且與階級分析比較沒有交集，本書則是發現社會經濟地位，特別是教育對台灣民眾的減碳政策偏好有明顯影響，而階級位置則是對交通生活方式與能源政策態度影響較大。

（三）公民參與及社會資本

所謂的公民社會是指在國家或廠商之外，透過民眾志願結社或社會交往所構成的組織或網絡，有時也被稱為社會資本（Putnam et al. 1993）。公民社會參與或社會資本往往是環境運動進行資源動員與發揮影響力的主要社會基礎，在台灣更是與政治民主運動共生的一股社會力來源（何明修 2006）。然而，公民社會與社會資本並不必然支持民眾轉向減碳生活或偏愛減碳政策，也可能有助於反對環境政策的政治動員（Ho 2021），因此，要準確測量有助於環境運動或低碳轉型的社會資本，我們的研究需要更明確的操作型定義。

在本書中，我們以問卷裡的兩個問題來界定產生低碳偏好的社會資本，第一個問題是「您是否曾經是環保團體的成員」，調查後發現台灣民眾在 2017 年回答有 4.6% 曾經是環保團體成員，而 2022 年則有 6.5%，比例似乎稍有增加（請參見圖 2-3）。這些台灣公民社會裡的環保團體成員，也是台灣最可能強烈支持低碳轉型並且發揮影響力的群體，其減碳政策偏好可能會逐漸擴散。

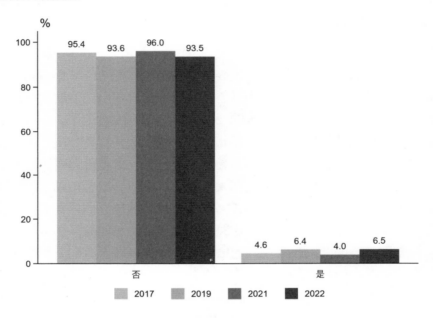

▲ 圖 2-3　曾經是環保團體成員

資料來源：整理自蕭新煌等 2017；許耿銘等 2021

本研究用來測量社會資本的第二個問題是「您是否曾經參加反核相關活動」，包括參與反核的公民連署、網路活動與實體的社會運動，如集會遊行或抗議等。2017 年民意調查的結果發現，受訪者當中主觀回報曾經參加反核相關活動的有 18.1%、從未參加過的民眾比例約 81.9%；2022 年主觀回報曾經參加的民眾剩下 8.6%，從不參加的民眾比例則提高到 91.4%（請參見圖 2-4）。與前述的公投減少核電風險感知的效果類似，在 2018 年底的公民投票之後，2019 年自認為曾經參加反核活動的比例快速下降近一半，顯示民眾對廣義參與環保活動的自我主觀認定，信度與效度似乎不太穩

定，未來需要考慮採取更明確的問卷設計。不過，後續的統計分析發現，
這個變量明顯提高民眾的減碳政策偏好。

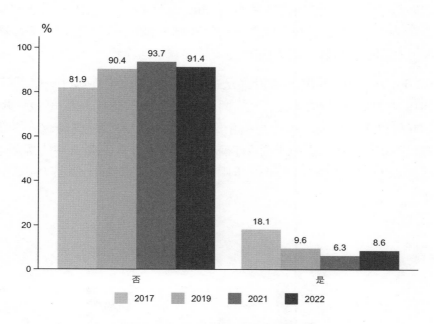

▲ 圖 2-4　曾經參加反核相關活動

資料來源：整理自蕭新煌等 2017；許耿銘等 2021

　　無論如何，我們以前述兩個問題的聯集，也就是在環保團體或反核活
動其中，有任何一題回答曾經參加，就定義為具有強烈環境偏好的公民社
會參與者，以此來測量社會資本對減碳生活方式或減碳政策偏好的影響，
結果也顯示這個因素對民眾看待多數減碳政策偏好時有決定性的影響。

（四）性別角色與世代因素

　　性別與年齡或世代往往是許多研究裡的控制變量，然而在本研究裡，
我們發現性別與世代在低碳生活方式與各項減碳政策偏好裡，產生顯著而
且互相矛盾的作用，值得深入分析。從理論上與各國實證研究結果來說，
生態女性主義者認為女性比男性有更強的風險感知、對他人與環境更有同
理心，可能使女性更支持各種減碳生活方式與政府的減碳政策（Merchant

1981; Hunter et al. 2004; Resurrección 2013; Dzialo 2017; Kennedy and Kmec 2018; Bush and Clayton 2022）。其次，年輕世代比年長世代更偏向後物質主義，而後物質主義包括支持環保理念（Inglehart 1977），尤其個人重視自主性以及表達出自己的意見，因而抱持後物質主義的民眾比較可能去參與抗議活動（吳俊德 2019），因此可能更支持淨零生活典範。

2017 年與 2019 年的調查計畫是在中研院的調研中心執行。在 2017 年與 2019 年的兩次社會調查中，我們將世代分為三群：未滿 40 歲、40-59 歲、60 歲以上，然而，由於高齡化與少子女化等人口結構變遷的影響，40 歲以下年輕世代的人口比例逐年減少、60 歲以上的高齡人口比例逐年增加，這也反映在 2017 年與 2019 年兩次調查的人口結構比例上（請參見圖 2-5）。

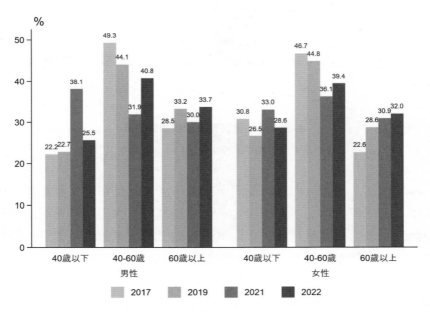

▲ 圖 2-5　性別與年齡交叉的比例

資料來源：整理自蕭新煌等 2017；許耿銘等 2021

在 2021 年，受到新型冠狀病毒肺炎疫情三級警戒影響，中央研究院調研中心難以執行調查業務，改委由《聯合報》民調中心執行調查。過程中，督導發現訪談有顯著地系統性偏向高齡人口的現象，便要求訪員特別提示由家中最年輕者回答問卷以調整世代比例，結果在 2021 年完訪的樣本，才比較接近台灣成年人口年齡群的正常比例。

2022 年，我們的研究計畫又回到中央研究院調研中心執行，為了避免類似 2021 年的年齡偏誤再次發生，加入部分網路會員樣本來調整年齡比例，與 2017 年的樣本相比可以發現，未滿 40 歲的受訪者比例不減反增，但 60 歲以上的受訪者比例也在逐步提高，符合我國高齡化的人口結構。在隨後的章節裡，我們將會針對不同的減碳政策偏好，解釋性別與世代所發揮的作用。

（五）階級分化與交通方式

在資本主義社會裡，由於勞資雙方構成就業人口裡的多數，工業化所帶來的貧富差距與階級衝突是社會學裡的重要研究主題（Wright 1985）。此外，各個階級與其所得差距一直是個影響民眾日常生活消費政策偏好的重要因素。例如在 2018 年，法國政府為達成減碳目標推動能源稅，卻造成中下階級民眾自主組成被稱為黃衫軍的社會運動，這些民眾或是抱持氣候變遷否定論、或是認為能源稅會影響運輸、倉儲與批發、零售等行業的生計而進行大規模群眾抗爭。[1] 顯然，階級不平等與氣候變遷風險與成本分配之間的關聯性，可能導致工業社會裡的中下階級不滿，是減碳政策制定與執行時必須予以關注的議題。

然而，倘若檢視中央研究院學術調查研究資料庫（Survey Research Data Archive）之相關成果，可以發現階級與環境態度或政策偏好的關係，在台灣過去的民意調查研究裡較少被探討。一般認為，受到高等教育與生活品質要求的影響，中產階級較支持環保理念與環保運動，而中下階級受到交通運輸或能源可負擔性（Affordability）的影響，提高能源成本可能會使日常生活開支增加，較不支持節能減碳的相關政策或因此改變交通方式（林宗弘等 2023）。

---

[1] Willsher, Kim. Gilets Jaunes protests in France to continue despite fuel tax U-turn. The Guardian. 2018-12-04 [2018-12-05]. https://www.theguardian.com/world/2018/dec/04/french-government-to-suspend-fuel-tax-increase-say-reports

西方的環境運動常被認為與新中產階級密切相關，因為他們是歷史上第一群能夠免於物質匱乏，而又具有高教育程度的世代（何明修 2004: 9）。此外，在歐美先進國家，眾多環境團體的行動者以白人、中產階級和專業人士為主，他們專注的則是有害物質的含量抑或是科學不確定性；過度專業的公共參與及討論方式，使得中產階級享有參與、領導環保運動的優勢，也使環保運動被批評為維護城市中產階級利益的社會運動（何明修 2004）。

1970 年，台灣的中產階級、知識分子介入環境議題，主要關注於當時的生態保育和環境公害（曾浴淇、徐進鈺 2015: 13）。在台灣環境運動與反核運動浪潮裡，「主婦聯盟環境保護基金會」與「媽媽監督核電聯盟」的成立，皆具有重要的里程碑意義。前者是台灣 80 年代民主化階段裡，都市中產階級婦女挺身而出參與社會運動的重要組織，更是 20 多年反核運動裡不可缺的支柱（康世昊 2013）。歷史上，學生、新中產階級成為後工業社會的運動主力分子，原因正在於他們是直接涉及知識的生產與傳播，掌握後工業化社會自我生產的關鍵（何明修 2004: 6）。

另一方面，勞工關心工業安全與衛生問題，仍是環境政治中相當重要的主題（英國紅綠研究會 2002）。此外，國際上有不少關注工人階級與環境政策的研究。例如在 1960 與 1970 年代，義大利經濟快速發展的背景下，工人階級相當支持環境主義，亦受到戰後世代要求徹底改變資本主義的新社會運動影響（Barca 2002: 10）。總體而言，工人階級似乎與中產階級同樣地對於保護環境深感興趣，然而經常無法像中產階級般地積極參與環境運動（Bell 2020: 144）。1980 年代所提出的「公正轉型」此一概念，即源自於環境爭議與勞工權益等問題。近年來，國際上強調的公正轉型不僅包含環境正義，更擴及氣候正義、能源正義等範疇（陳惠萍 2021）。

在台灣，勞工運動的發展相對較弱（劉華真 2008）。威權體制壓制左派運動並採取統合主義法制來控制工會，勞動階級不僅在經濟層面上受到剝削，更是受污染之害最嚴重的一群，他們需要在工廠內面對各種職業災害的威脅，下班後又得回到飽受污染的貧窮社區中（鄭雅文 1999）。然而，在社會調查與分析文獻裡，台灣的階級位置與環境政策的關聯被長期忽視。

　　本文受到生產苦力磨坊論與公正轉型文獻的啟發，希望用民意調查來探索台灣民眾的階級位置與環境行為或政策偏好的關係。在測量階級位置時，本研究參考由 Wright（1985）所發展出來的新馬克思主義階級分析法（Neo-Marxist Class Analysis），透過生產工具所有權、技術與權威這三個因素，可將階級位置分為六到十二類，曾經在台灣階級結構的分析中被多次引用過（許嘉猷 1994；林宗弘 2009）。為求分析簡化，本研究將台灣民眾的階級位置分為公部門受雇者、雇主、自營作業者（含農民）、新中產階級、非技術工人、失業者與非勞動力等七大類，其比例如圖 2-6 所示，在2017 年與 2022 年這五年之間，階級結構變化有限，主要趨勢是新中產階級的比例平穩、非技術工人比例有所減少，五年來自雇者比例略有復甦，亦符合行政院主計總處最近的調查結果（林宗弘等 2022）。

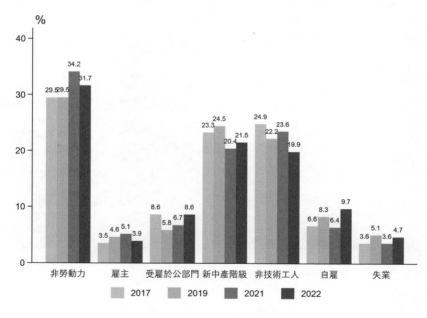

▲ 圖 2-6　　受雇型態

資料來源：整理自蕭新煌等 2017；許耿銘等 2021

　　過去研究中的社會經濟地位常用每月個人所得或家庭所得，本研究發現控制所得與教育之外，階級位置會顯著影響交通方式選擇、有時也會影響減碳政策偏好。階級除了直接影響生活方式與減碳政策偏好之外，也會透過交通工具的可負擔性與可及性（Accessibility）影響民眾對交通政策的減碳偏好。本研究 2017 年的數據顯示，台灣有將近 52.8% 的民眾選擇騎機車，約 23.9% 的民眾則會開汽車出門，搭乘公共運輸（四鐵）的比例為 14.2% 左右。除此之外，亦有少數民眾以步行與腳踏車為主（9.2%）。倘若與 2022 年問卷分析結果進行比較，可以發現選擇騎機車的民眾比例稍有下降到 51.6%，與 2017 年之間的差異性不大，願意搭乘公共運輸的比例稍有上升為 15.7%。然而，約 27.5% 的民眾外出採取自行開車的方式，增加大約 3.6 個百分點；願意步行或騎腳踏車的民眾比例則略為下降至 5.1%（請參見圖 2-7）。如前所述，由於不同階級常會採取不同的交通方式通勤與工作，民眾對於交通減碳政策的偏好也不盡相同。

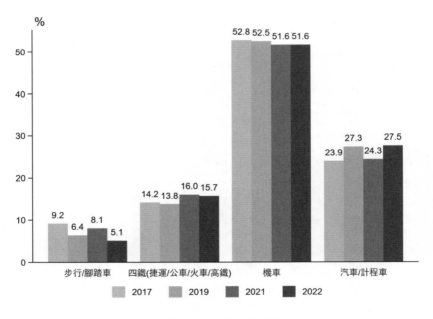

▲ 圖 2-7　交通工具選擇

資料來源：整理自蕭新煌等 2017；許耿銘等 2021

「交通社會排除」指涉人們由於交通資源不足或缺乏移動能力而無法參與經濟、政治與社會活動（Solomon 2003; Lyons 2004; Lucas 2006; McDonagh 2006; Preston and Raje 2007; Rashid and Yigitcanlar 2015），在原因

方面，社會排除分為個人移動能力（Personal Mobility）與交通工具可及性
（Preston and Rajé 2007）不足兩類起因，其中社會不平等（階級、種族或
移民、性別與年齡、身心障礙）可能造成個人收入與移動能力不足（Rajé
2003; Yigitcanlar et al. 2005），而交通弱勢（Transport Disadvantage）例如
經濟發展導致城鄉差距、對貧困社區公共投資不足等（Lucas 2012）導致
難以取得私人與公共運具之公共服務不可及性（Inaccessibility），共同構
成交通社會排除。針對青年或農民進行的調查發現生活在郊區的年輕人由
於交通社會排除之故，無法滿足生活需求，例如就業、健康照護、教育等
（Cartmel and Furlong 2000）。在西方相較於都市家庭，較窮的農村家庭反
而更依賴使用汽車做為交通工具（Roberts et al. 1999）。交通社會排除影響
農工階級對某些交通工具，例如機車或汽車的依賴，而且交通成本與通勤
時間較高，以至於可能會排斥節能減碳的交通政策，我們將在第四章裡深
入討論。

（六）能源政治與產業利益

與世界各個民主國家類似，台灣的政黨政治經常透過各種能源與環境
議題的衝突與立場，反映並影響選民對能源政策與環境政策的偏好。本研
究的問卷設計裡測量了民眾的政黨偏好，並且將所有偏好的政黨大致區分
為泛藍與泛綠兩類陣營。2017 年沒有選舉，民眾對藍綠較少表態，在 2019
年則是支持泛藍受訪者為 25.5%、支持泛綠受訪者為 26.9%，大致上是旗
鼓相當而偏向執政黨派，也算吻合 2020 年初現實的投票結果。隨後 2021
年與 2022 年的調查，支持泛藍的比例略高於 15%，似有低估、支持泛綠
的比例 27%，相對穩定且正常。

我們發現，藍綠陣營透過環境議題的立場召喚與組織選民，也會影響
低碳政策偏好。台灣的反核運動與黨外民主運動的歷史關係密切，而核電
廠是國民黨統治時期推動的重大建設，使得支持與反對雙方都有相當程度
的政治關聯性，也就是政黨偏好與核電政策偏好掛勾，黨派的能源政策分
歧，即泛綠陣營支持非核家園，而泛藍陣營在執政期間多半大力支持核
電。

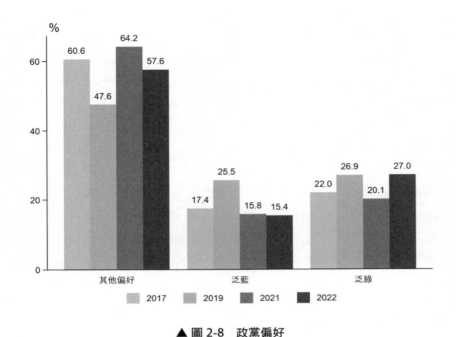

▲ 圖 2-8　政黨偏好

資料來源：整理自蕭新煌等 2017；許耿銘等 2021

　　核電公投是由民進黨裡有重大影響力的政治家林義雄所推動，然而在 2011 年日本福島核災之前，公民投票與非核家園的政策均未實現。在太陽花學運之後的 2014 年中，反核團體成功迫使馬英九總統宣布封存核四廠，2016 年民進黨執政之後更推動了《公民投票法》修訂與 2025 非核家園政策。之後國會修訂通過《公民投票法》，2018 年 11 月在韓國瑜所帶動的民粹主義旋風影響下，國民黨在地方選舉裡大勝（林文正、林宗弘 2020），帶動公投投票率，案 16 以核養綠「您是否同意：廢除電業法第 95 條第 1 項，即廢除『核能發電設備應於中華民國一百十四年以前，全部停止運轉』之條文？」總投票數達 54.83%，同意票為 59.49%，廢除 2025 年非核家園條文，然而，行政院認為相關法條訂定目標刪除，並未限制政府延續非核家園政策，且核一、核二與核三廠申請延役時間點已過，因此不影響政府 2025 非核家園的目標。「以核養綠」團隊表示不滿意政府回應，發起重啟核四公投。2019 年 7 月立法院修訂版本新增公民投票日，使公投與大選脫鉤，2019 年 12 月，擁核活躍人士黃士修領銜提出「您是否同意核四啟封商轉發電？」全國性公民投票案達法定門檻成案。2021 年 12 月 18日，公投結果是以投票率僅達 41.09%，不同意票占 52.84%，否決了核四重啟（Ho 2021）。

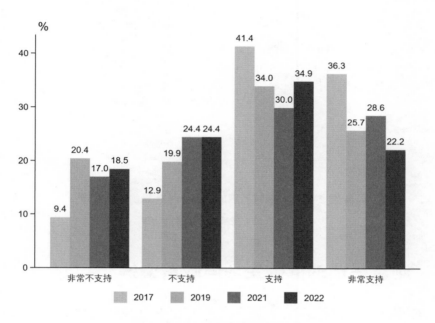

▲ 圖 2-9　支持非核家園的理念

資料來源：整理自蕭新煌等 2017；許耿銘等 2021

　　我們的調查時段跨越 2018 與 2021 年兩次公投，從調查數據可以發現：支持核電繼續運作的公投票選民，除了反對民進黨執政所推動的政策這個理由之外，可能由於不希望缺電或電價提升，日常生活裡會比較少節能減碳、也相對比較排斥漲價或電價改革，亦即台灣民眾若支持核電會影響其對氣候變遷或節能減碳的態度與行為。因此，政黨政治與對核電的態度，成為影響台灣民眾面對低碳生活轉型之態度的一大重要社會因素，應該要慎重分析與面對。

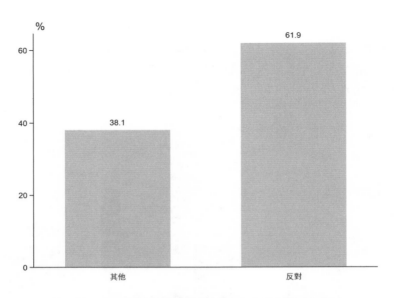

▲ 圖 2-10　公投核能應於民國 114 年以前停止運轉

資料來源：整理自蕭新煌等 2017

三、測量民眾的低碳生活與政策偏好

前述的人文社會因素，影響下列五個主要的低碳生活與減碳政策領域的依變量。首先，是影響民眾日常生活裡的節能減碳行為；其次，是影響民眾為節能減碳同意加稅與漲價政策的接受程度；第三，是影響民眾對於低碳交通工具與交通政策的偏好；第四，是影響民眾對能源轉型與調漲電價政策的支持程度；第五，是影響民眾對政府管制高耗能產業的態度，以下分述之。

（一）民眾日常生活裡的節能減碳行為

邁向淨零生活典範轉型的態度與行為，在個人層次是在日常生活食、衣、住、行的態度與行為做出改變，也是我們在問卷當中希望測量到的變化。以 2017 年的問卷調查為例，有 42.9% 的民眾參加過節約能源的活動；受訪者當中有 11.6% 回答總是、25.7% 回答經常以走路與自行車取代開車或騎機車（請參見圖 2-14）；有 10.9% 與 29.9% 的民眾回答總是或經常為

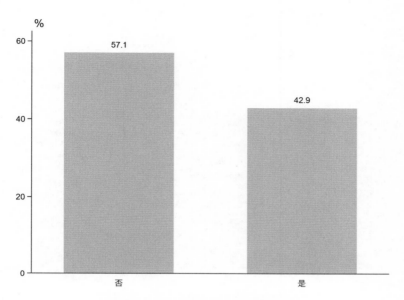

▲ 圖 2-11　曾經參加節約能源活動

資料來源：整理自蕭新煌等 2017

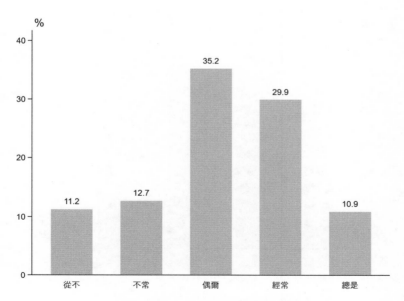

▲ 圖 2-12　少搭電梯多走樓梯

資料來源：整理自蕭新煌等 2017；許耿銘等 2021

41

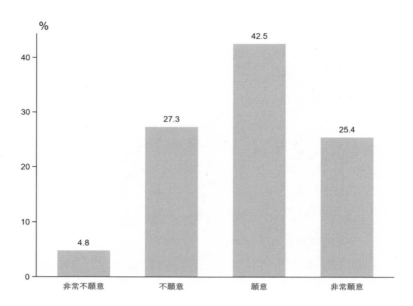

▲ 圖 2-13　願意設置新型數位電表或智慧電表讓能源達到最佳效用

資料來源：整理自蕭新煌等 2017

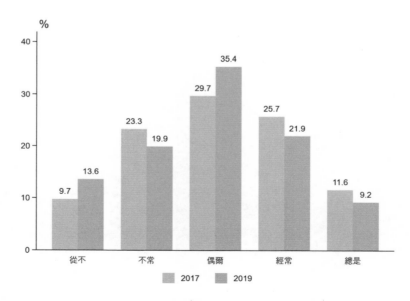

▲ 圖 2-14　常不常以走路／自行車取代開車或騎機車

資料來源：整理自蕭新煌等 2017

了節省能源而多走樓梯，少搭電梯（請參見圖 2-12）；受訪者當中有 25.4%
回答非常願意、42.5% 回答願意設置新型數位電表或智慧電表，讓能源達
到最佳效用（請參見圖 2-13）。由此來看，有不少台灣民眾在日常生活中能
實踐一些節能減碳的習慣。

　　然而，如果將多次調查進行比較時可以發現，民眾在日常交通領域
的節能減碳行為不進反退。根據國際能源總署（IEA）在 2020 年出版的
《世界能源展望》（*World Energy Outlook 2020*）報告，檢視改變個人生活
方式在 11 種領域所帶來的減碳潛力，其中改變通勤行為的減碳潛力約占
一半。報告中建議 3 公里內的交通旅程，建議以步行或腳踏車取代開車
（IEA 2020）。當詢問民眾常不常以走路與自行車取代開車或騎機車時，
依據 2017 年民意調查結果顯示，表示「總是」或「經常」的比例總計為
37.3%，覺得「不常」或「從不」的百分比則為 33.0%。此外，觀察 2019
年的資料分析結果，表示「總是」或「經常」的比例總計為 31.1%，覺得
「不常」或「從來沒有」的百分比則為 33.5%（請參見圖 2-14）。整體而
言，倘若比較兩年度的民意調查數據，可以發現台灣民眾願意多走路與多
騎自行車的比例不但沒有上升、反而似乎略微下降。確實，從 2017 年到
2022 年間，全球經歷過新冠肺炎的衝擊，改變不少民眾的日常交通習慣，
但如何讓民眾接受減碳交通，仍將是未來政府施政所面對的一大考驗。

　　若是透過環境教育提供正確的氣候變遷與節能減碳資訊，是否就能夠
改變民眾的生活習慣呢？本研究也詢問台灣民眾會因為新聞媒體的宣傳，
得到有關環境問題的消息，進而減少二氧化碳排放行為的比例，表示同意
與非常同意者將近三分之二（請參見圖 2-15），顯示多數民眾可能願意配合
政府部門與媒體的宣傳，進而採取節能減碳行為、或是受到社會期待而採
取正面回答。然而，若將五年的調查重複比較，會發現在 2017 年與 2022
年之間，非常同意者配合媒體宣傳政策的比例，略有衰退。若是從 2019 年
與 2021 年這兩次調查來看，非常不同意與不同意配合媒體宣傳而節能減碳
的受訪者比例，兩度上升，我們認為，此一現象可能顯示公民投票擁護核
電會降低民眾配合宣傳節能的意願。

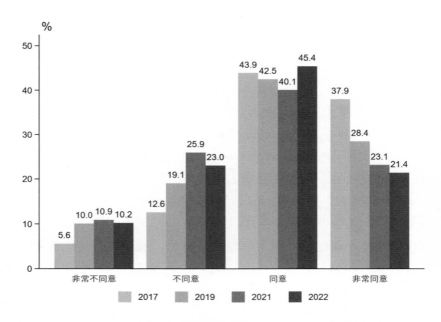

▲ 圖 2-15　同意因為新聞媒體的宣傳而減少二氧化碳排放的行為

資料來源：整理自蕭新煌等 2017；許耿銘等 2021

（二）民眾對加稅與漲價政策的接受程度

　　相對於詢問民眾日常生活是否願意配合節能減碳，直接測量民眾為了節能減碳對能源稅或較高物價的支付意願，或許更能顯示其減碳偏好。環境污染可被視為因外部性所造成市場失靈，可利用管制與加稅等政策工具予以矯正。1970 年代以前，國家多採行直接管制之環境政策；但 1980 年代後期強調運用多元政策工具改變對民眾的物質誘因，較為常見的包括刑罰或獎勵（原承君、林翠芳 2017: 103）。台灣雖然較常處罰造成環境污染的廠商，較少對於一般民眾採取懲罰政策。對一般民眾的管制政策主要為將外部成本內部化而提高物價與稅費的經濟政策；近期因應聯合國氣候會議的決議結果，全球已有非常多國家提出「自主減碳貢獻承諾」（Intended Nationally Determined Contributions, INDCs），不僅設定節能減碳目標，亦研議出許多的減碳政策工具，包括：能源稅、氣候變遷捐或碳費等，以期達成減量目標（張哲維等 2016）。

　　針對政府加稅議題，本研究所調查的題目是：為因應全球氣候暖化的社會趨勢，台灣民眾願意多支付燃料稅以保護台灣環境的程度有多高？以2017年的調查結果而言，表示「不願意」加稅的民眾最多（51.2%）；若願意加稅者，以「加5%或以下」的加稅級距者最多（30.2%），願意配合「加6%以上」級距者次之（18.6%）。依據2019年的調查結果顯示，表示「不願意」加稅的民眾仍是最多（44.8%）；若願意加稅者，以「加5%或以下」的加稅級距者最多（34.6%），願意「多6%及以上」配合級距者次之（20.5%）；2021年表示「不願意」加稅的民眾仍是最多（45%）；若願意加稅者，以「加5%或以下」的加稅級距者持續提升（37.4%），願意「多6%及以上」配合級距者略降（17.6%）；2022年表示「不願意」加稅的民眾降到新低（28.7%）；願意「加5%或以下」的大幅提升（44.6%），願意「多6%及以上」配合級距者也大反彈（26.7%）（請參見圖2-16）。

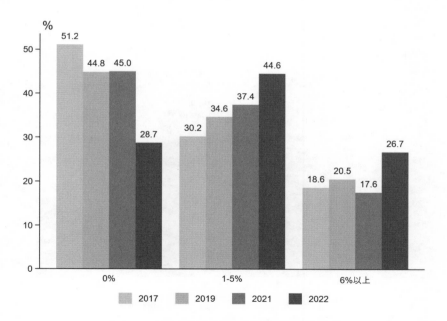

▲ 圖 2-16　個人配合加稅來節能減碳以保護台灣環境

資料來源：整理自蕭新煌等2017；許耿銘等2021

　　針對個人願意配合物價上漲的議題，本研究所調查的題目是：為因應全球氣候暖化的社會趨勢，台灣民眾願意個人配合漲價以保護台灣環境的程度有多高？以 2017 年的調查結果而言，表示「不願意」漲價的民眾高達 55.9%；「加 5% 或以下」的漲價級距同意者有 28.4%，願意配合「加 6% 以上」者有 15.7%。

　　另外，觀察 2019 年的調查數據，表示「不願意」漲價的民眾仍是最多（46.7%）；願意「加 5% 或以下」級距者升高到 39.6%，願意「多 6% 及以上」者僅 13.7%；2021 年表示「不願意」漲價者下降到 32.4%；願意「加 5% 或以下」者提升到 52.3% 過半，願意漲價「多 6% 及以上」有 15.4%；到了 2022 年，受訪民眾表示「不願意」漲價的比例持平為 34.5%；願意「加 5% 或以下」的回落（44.4%），願意「多 6% 及以上」級距者彈升（21.1%）（請參見圖 2-17）。

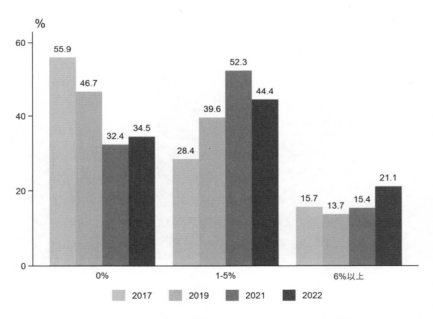

▲ 圖 2-17　個人配合漲價來節能減碳以保護台灣環境

資料來源：整理自蕭新煌等 2017；許耿銘等 2021

　　經過觀察與對照 2017 年與 2022 年的數據分析結果後，可得知台灣民眾同意配合政府加稅的比例持續提升，而認同的民眾則以願意支付約 5% 左右稅賦的比例最高，顯示其仍認為無法負擔太高的氣候變遷相關稅率。除此之外，在接受漲價方面，完全抗拒漲價的民意逐漸下降，多數能夠承擔漲價的比例也是在 5% 以內，平均可忍受的漲價比例逐漸上升。整體來看，台灣民眾同意政府為了氣候變遷加稅或個人願意配合漲價的比例，有逐年成長的趨勢。

（三）民眾交通運輸節能減碳的政策偏好

　　交通系統是重要的排碳部門，也是減碳政策的重要領域之一。從 2016 年民進黨政府上台之後，對交通減碳政策較為積極。為求改善國內空氣品質與提升老舊機車換購率，許多縣市皆提出購買電動車補助方案。依據行政院環保署修訂《機車汰舊換新補助辦法》最新公告以及各縣市政府環保局加碼補助項目與金額之相關內容，可以發現行政院環保署的補助金額最高為 3,000 元，部分縣市政府補助淘汰老舊機車並換購機車、新購機車，部分縣市政府補助淘汰老舊機車並換購機車、新購電動機車。[2]

　　依據 2017 年民意調查結果顯示，支持政府補助民間購買電動機車的比例為 86.4%（非常支持 49.2%、支持 37.2%），相對而言，不支持政府補助民間購買電動機車的比例為 13.6%（非常不支持 5.7%、不支持 7.9%）。倘若對照 2019 年的數據分析資料，支持政府補助民間購買電動機車的比例為 83.6%（非常支持 51.7%、支持 31.9%），不支持政府補助民間購買電動機車的比例為 16.3%（非常不支持 6.8%、不支持 9.5%）（請參見圖 2-18），針對此項議題而言，台灣民眾支持的比例似乎下降一些，對於電動車的熱情呈現稍微消退的現象。

2　行政院環境保護署，2020，環保署修正發布「機車汰舊換新補助辦法」。取自https://enews.epa.gov.tw/DisplayFile.aspx?FileID=2CB1D7F7520CDA85

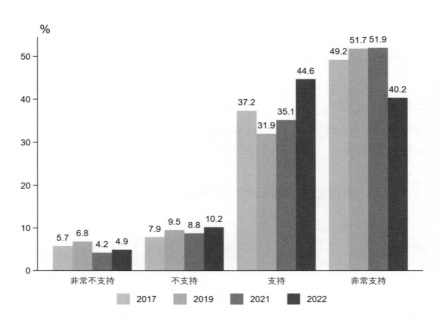

▲ 圖 2-18　支持政府補助民間購買電動機車

資料來源：整理自蕭新煌等 2017；許耿銘等 2021

（四）民眾對能源轉型與提高電價的看法

　　能源產業是最大的直接碳排放來源，調控電力市場的政策也是最重要的減碳政策領域。台灣能夠享有超低的電價，主因在於國內電價未能充分反映其生產成本、溫室氣體排放量、空氣污染以及能源安全等外部成本（王寶貫、蕭代基 2022）。事實上，從 2018 年公投經驗與後續報導即可得知，台灣民眾對於能源議題仍然普遍陌生，能源轉型勢必持續遭遇民意爭論（李信等 2020）。

　　雖然民眾似乎能夠接受為了氣候變遷議題忍受一般物價上漲，前述回答可能是由於物價上漲的說法太過於模糊，使得受訪者傾向正面回應；具體而言，台灣民眾是否會因為電費、水費、瓦斯費等公用事業價格，而採取節能減碳的行為呢？根據 2017 年調查數據來看，同意會因為電費、水費、瓦斯費價格進而節能減碳的比例為 86.7%（非常同意 47.1%、同意 39.6%），相對地，不同意的比例則是 13.3%（非常不同意 5.1%、不同意 8.2%）。2019 年，同意會因為電費、水費、瓦斯費價格進而節能減碳的民眾比例為 74.5%（非常同意 34.4%、同意 40.1%），感覺不同意的比例則是 25.5%（非常不同意 10.3%、不同意 15.2%）（請參見圖 2-19）。2021 年，民眾願意為了公共事業價格而節能減碳的比例持續下降，同意者降到 63.8%，不同意的比例升高到 36.2%；2022 年情況比前一年類似但略有好轉，同意節能減碳的有 68.9%，不同意的有 31.1%；經過對照五年來的數據後，可得知台灣民眾願意因公共事業漲價而協助節能減碳的意願低落許多，似乎認為基本民生需求與氣候變遷之間的連結性不高。

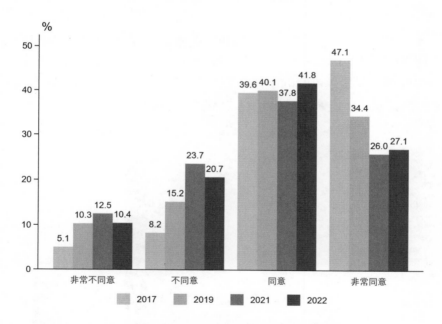

▲ 圖 2-19　因公用事業價格而採取節能減碳行為

資料來源：整理自蕭新煌等 2017；許耿銘等 2021

　　目前台灣的電價費率制定，是依據「公用售電業電價費率計算公式」，其中一項電價費率的訂定原則即為「節能減碳」，並採用累進費率的計算方式。而電價費率表分六個級距，不同級距中的用電度數單價都不同，用電度數越多則單價越高。不過因為現行電價級距之間的差距略顯不足，導致當用戶用電量愈高時，卻無法真正負擔較高的單位電價，致使希望以價制量達成節能減碳的美意大打折扣。有鑑於此，近來希望增加現行電價級距的倡議，得以逐漸受到各方重視。

　　藉由比對五年以來的四次民調數據，即可得知同意的民眾比例從 2017 年的 79.7%（非常同意 36.3%、同意 43.4%）、2019 年的 65.6%（非常同意 23.9%、同意 41.7%）、下降到 2021 年的 62.2%，隨後在 2022 年稍有回升到 70.2%；不同意的民眾比例則是由 2017 年的 20.3%（非常不同意 11.0%、不同意 9.3%）、2019 年的 34.4%（非常不同意 20.0%、不同意 14.4%）（請參見圖 2-20）、上升至 2021 年的 37.8%，隨後在 2022 年跌回 29.9%。這兩次的調查差異，正好與公民投票後有關核電的民意轉變類似，亦即在 2018 年，透過在野黨派的運作，顯著改變台灣民眾對累進電價的偏好，使得此一政策的支持程度大幅下降，但是在 2021 年公投之後，台灣景氣出現好轉，對累進電費的支持又有回升。在第五章，我們將會深入探討改變台灣民眾低碳能源政策偏好的政治社會因素。

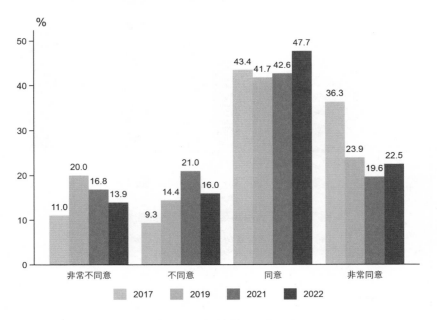

▲ 圖 2-20　同意採用累進電費

資料來源：整理自蕭新煌等 2017；許耿銘等 2021

（五）民眾對國家管制高耗能產業的態度

國際能源總署（IEA 2020）指出，化工、鋼鐵和水泥等三大高耗能產業，能源使用量約占工業部門的一半以上，二氧化碳排放量也占工業部門的 70% 左右；由此可知，高耗能產業在能源轉型中的責任相當重大。

國內高耗能產業營運與製造的過程極需耗用較多的水資源與電力，遠高於其他產業（張育琳、劉俊儒 2018）。工業用電占總體用電量的 53%，是台灣最大的耗電元兇（張岱屏 2014）。隨著各國政府對排放溫室氣體的限制，以及對化石燃料使用的關注日益增加（呂錫民 2019），高耗能產業正面臨巨大的危機。

本研究在 2017 年所進行的民意調查顯示，當詢問台灣民眾「政府應積極限制高耗能產業的發展，請問您同不同意？」，其中同意的比例為 59.9%（非常同意 22.5%、同意 37.4%），不同意的比例則是 40.1%（非常不同意 10.1%、不同意 30.0%）。到了 2019 年，台灣民眾表示同意的比例為 60.0%（非常同意 22.8%、同意 37.2%），不同意的比例是 40.0%（非常不同意 8.6%、不同意 31.4%）（請參見圖 2-21）。2021 年同意一方的比例下跌到 54.9%，不同意方提升到 45.1%；2022 年同意一方的比例略有回升為 56.2%，不同意的一方略減為 43.8%，整體來說，民眾同意政府積極限制高耗能產業的比例過半，然而從五年來的四波數據觀察，支持度略有下降，同意與不同意的民眾比例皆攀升，但是非常同意與非常不同意的比例下降，台灣民眾對此議題的趨中現象有待未來進一步探究。

台灣政府自 2006 年開始推動能源稅，但礙於景氣與企業壓力，至今仍無法順利通過立法（廖欽福 2018）。2015 年《溫管法》立法之後，國會又在 2023 年通過《氣候變遷因應法》，政府正式宣布將依法在 2024 年開徵碳費，台灣民眾對這些法案的支持程度又是如何呢？

首先，觀察 2017 年的民調數據，台灣民眾不同意的比例為 23.3%；表示同意者主要希望增加的比例為「5% 以下」（33.2%）與「6% 以上」（43.6%），隨著加稅比例越高，認為企業應該配合的比例呈現增加的趨勢（請參見圖 2-22）。2019 年，不同意企業加稅的比例降為 14.1%、支持加

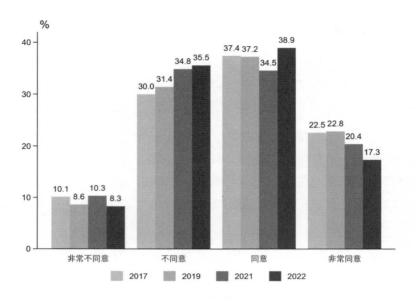

▲ 圖 2-21　政府應限制高耗能產業的發展

資料來源：整理自蕭新煌等 2017；許耿銘等 2021

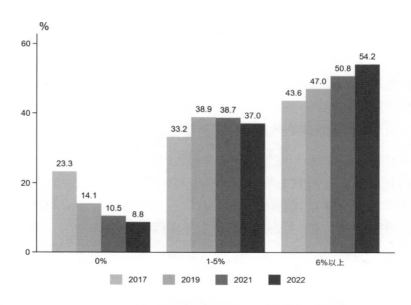

▲ 圖 2-22　企業配合加稅來節能減碳以保護台灣環境

資料來源：整理自蕭新煌等 2017；許耿銘等 2021

稅「5% 以下」的上升到 38.9%、支持加稅到「6% 以上」的也上升到 47%；2021 年不同意企業加稅的受訪者比例為 10.5%、支持加稅「5% 以下」的有 38.7%、支持加稅到「6% 以上」的上升到 50.8%；到了 2022 年，不同意企業加稅的受訪者降到 8.8% 的最低點，支持加稅「5% 以下」的比例略降為 37%，主要是因為受訪者越來越高比例支持加稅到「6% 以上」，最後一組的受訪者比例高達 54.2%，穩定地超過了一半。換言之，過去五年之內台灣民眾對企業應該加稅來保護台灣環境的支持度呈現穩定大幅上升。

四、敘述統計與簡單相關分析

本章詳細描述出所採用的調查問卷內容，主要釐清六個政治社會因素，即民眾的環境意識與風險感知、個人的社會經濟地位、公民參與及社會資本、性別角色與世代差異、階級分化與社會排除，以及能源政治或產業利益立場，與其所影響的減碳政策偏好，即民眾日常生活的節能減碳行為、民眾對減碳推動加稅與漲價政策的接受程度、民眾交通運輸節能減碳的政策偏好、民眾對能源政策（特別是電價政策）之偏好，以及對於國家管制高耗能產業相關政策的態度。由於在前文之中，我們已經詳細說明主要的關鍵變量與依變量的分布狀況，以及在五年之內，四波調查之間的變化情況，以下表格將主要影響減碳政策偏好的主要自變量、控制變量與依變量的平均數、標準差、最小值與最大值列於表 2-1，便不再贅述前述變量的分布，請讀者參考表上的數值。

特別值得說明的是，由於四波問卷經過內容討論與經費增刪，曾經有不少問卷題目發生過異動，因此有些年度會出現某些問題被刪除或被加入的情況。如表 2-1 所顯示的，有關民眾日常行為的曾經參加節約能源活動，曾經在 2017 年與 2021 年問過兩次，少搭電梯多走樓梯則只有 2017 年問過一次，是否同意為使用再生能源而付較高電價與政府繼續支持綠能產業這兩題在 2019 年則是未詢問民眾，改詢問公民投票案中的核能應於民國 114 年以前停止運轉的投票行為，主要都是因應當年度有重大的公民投票活動，必須增刪題目所致的結果。

在主要變量的相關係數方面，我們也將所有使用的變量都放在交叉表上，並且標示其簡單相關係數的顯著程度（$p<0.05$），讀者可以看出簡單相關檢驗時已經顯著影響減碳政策偏好的一些政治與社會經濟變量，其中編號 1-13 的問卷題號，主要是中介變量或依變量，之後的變量是自變量或控制變量，讀者可以據此自行參照變量之間的簡單正相關或負相關，以及其統計相關性（與無相關 H0 相比）是否達到顯著差異程度。

在以下章節，我們將會進一步逐一檢驗前述六大人文社會因素與五個減碳政策偏好領域的統計關聯。雖然在第一章介紹本書的主要六個自變量的理論意涵，在本章則說明五個依變量領域的測量方式，卻尚未探討這些領域的理論爭議。我們在第三章將探討「生態現代化理論」與「生產的苦力磨坊理論」的爭議，分析民眾日常生活的節能減碳行為與其對願付成本，即加稅與漲價政策的關聯性。第四章探討民眾交通運輸節能減碳的政策偏好及支持推動加稅與漲價政策的接受程度；第五章將討論民眾對能源特別是電價政策的偏好、以及對於國家管制高耗能產業相關政策的態度，受到哪些自變量的影響。

表 2-1　主要影響低碳政策偏好的主要自變量、控制變量與依變量的平均數、標準差、最小值與最大值

	2017 (N=901)		2019 (N=969)		2021 (N=720)		2022 (N=997)	
	平均數	標準差	平均數	標準差	平均數	標準差	平均數	標準差
曾經參加節約能源活動	0.43	0.49	.	.	0.04	0.21	.	.
少搭電梯走樓梯	3.24	1.07	.	.	.	.	.	.
個人配合漲價	1.64	0.75	1.71	0.71	1.90	0.65	1.90	0.74
個人配合加稅	1.73	0.77	1.80	0.78	1.77	0.74	2.01	0.75
支持政府補助購買電動機車	4.20	1.11	4.15	1.21	4.31	1.05	4.08	1.12
以走路自行車取代騎機車開車	3.06	1.15	2.94	1.13	.	.	.	.
因公用事業價格而節能減碳	4.22	1.07	3.75	1.35	3.55	1.42	3.58	1.36
為使用再生能源而付較高電價	3.21	1.45	.	.	3.40	1.41	3.17	1.44
政府繼續支持較綠能產業	4.51	0.85	.	.	4.28	1.13	4.25	1.12
採用累進電費	3.89	1.28	3.43	1.47	3.45	1.38	3.52	1.37
支持非核家園	3.85	1.28	3.26	1.52	3.27	1.50	3.18	1.49
限制高耗能產業	3.34	1.36	3.38	1.34	3.22	1.36	3.23	1.31
企業配合加稅	2.24	0.78	2.36	0.70	2.40	0.66	2.47	0.65
核能應於民國114年以前停止運轉	.	.	0.63	0.48	.	.	.	.
高耗能產業	0.13	0.33	0.15	0.36	0.00	0.00	0.07	0.26
曾是環保團體成員或參加過反核活動	0.22	0.41	0.14	0.35	0.10	0.30	0.14	0.35
同意產業過度使用石油或煤礦是造成氣候暖化的主因	3.96	1.14	4.03	1.12	3.91	1.13	2.90	1.43
全球暖化會對台灣造成災難性影響	4.32	1.03	4.47	0.91	4.33	1.00	4.25	0.99
因為新聞媒體宣傳而減少二氧化碳排放	3.99	1.14	3.62	1.35	3.41	1.42	3.44	1.34
核能總發電量比例	2.93	1.61	2.41	1.49	1.30	0.79	1.00	0.00
女性	0.52	0.50	0.51	0.50	0.51	0.50	0.52	0.50

表 2-1　主要影響低碳政策偏好的主要自變量、控制變量與依變量的平均數、標準差、最小值與最大值（續）

	2017 (N=901)		2019 (N=969)		2021 (N=720)		2022 (N=997)	
	平均數	標準差	最小值	最大值	平均數	標準差	最小值	最大值
已婚	0.68	0.47	0.70	0.46	0.61	0.49	0.63	0.48
家中有12歲以下小孩	0.48	0.50	0.41	0.49	.	.	.	.
年齡	46.82	13.78	48.97	14.60	44.52	14.75	48.16	15.81
教育年數	13.95	2.98	13.73	3.20	14.45	2.76	14.37	2.93
泛綠	0.24	0.43	0.28	0.45	0.23	0.42	0.27	0.45
泛藍	0.18	0.39	0.25	0.43	0.17	0.38	0.16	0.37
每月平均所得	38443.81	35173.33	39951.92	40269.00	44409.34	44918.32	43651.00	43293.53
交通工具								
步行/腳踏車	0.08	0.27	0.06	0.23	0.03	0.18	0.03	0.17
四鐵	0.14	0.34	0.14	0.34	0.17	0.37	0.16	0.37
機車	0.56	0.50	0.52	0.50	0.54	0.50	0.52	0.50
汽車/計程車	0.23	0.42	0.28	0.45	0.26	0.44	0.29	0.46
階級								
非勞動力	0.25	0.44	0.28	0.45	0.26	0.44	0.29	0.45
雇主	0.04	0.20	0.05	0.21	0.06	0.24	0.03	0.18
受雇於公部門	0.10	0.29	0.06	0.24	0.08	0.27	0.10	0.29
新中產階級	0.26	0.44	0.27	0.44	0.26	0.44	0.24	0.42
非技術工人	0.26	0.44	0.22	0.41	0.25	0.43	0.21	0.41
自營作業者	0.06	0.24	0.08	0.26	0.05	0.22	0.10	0.30
失業	0.03	0.17	0.05	0.22	0.03	0.18	0.04	0.20
居住地有捷運站	0.42	0.49	0.44	0.50	0.44	0.50	0.42	0.49
居住地有火車站	0.37	0.48	0.29	0.45	0.37	0.48	0.38	0.48
居住地公車×路線圖	1751.80	1330.30	0.00	0.00	1646.49	1324.46	1626.36	1289.53

表 2-2　變量相關係數表

	1	2	3	4	5	6	7	8	9	10	11	12	13
1 曾經參加節約能源活動	1.00												
2 少搭電梯走樓梯	0.09*	1.00											
3 個人配合漲價	-0.03	0.10*	1.00										
4 個人配合加稅	0.08*	0.13*	0.49*	1.00									
5 支持政府補助買電動機車	0.01	0.05	0.08*	0.10*	1.00								
6 以走路自行車取代騎機車開車	0.12*	0.23*	0.06*	0.05*	0.02	1.00							
7 因公用事業價格而節能減碳	0.14*	0.03	0.10*	0.13*	0.11*	0.03	1.00						
8 為使用再生能源而付較高電價	0.05	0.17*	0.36*	0.40*	0.12*	0.10*	0.13*	1.00					
9 政府繼續支持綠能產業	0.13*	0.11*	0.17*	0.18*	0.26*	0.05	0.18*	0.41*	1.00				
10 採用累進電費	0.10*	0.05	0.24*	0.27*	0.08*	0.03	0.21*	0.30*	0.17*	1.00			
11 支持非核家園	0.14*	0.12*	0.10*	0.10*	0.17*	0.06*	0.14*	0.32*	0.46*	0.13*	1.00		
12 限制高耗能產業	0.05*	0.10*	0.13*	0.14*	0.15*	0.04	0.13*	0.13*	0.13*	0.11*	0.16*	1.00	
13 企業配合加稅	0.03	0.06	0.32*	0.44*	0.10*	0.04	0.09*	0.21*	0.14*	0.17*	0.08*	0.19*	1.00
高耗能產業	0.09*	0.01	-0.02	-0.00	0.00	-0.06*	0.00	0.01	0.03	0.02	0.01	-0.03	-0.01
曾是環保團體成員或參加過反核活動	0.15*	0.13*	0.06*	0.05*	0.03	0.12*	0.04*	0.08*	0.07*	0.05*	0.12*	0.04*	0.04*
同意產業過度使用石油或煤礦造成氣候暖化的主因	0.00	0.05	0.01	0.00	0.14*	-0.00	0.13*	0.00	0.10*	0.06*	0.10*	0.16*	0.04*
全球暖化會對台灣造成災難性影響	0.03	0.08*	0.08*	0.10*	0.14*	0.02	0.11*	0.12*	0.11*	0.13*	0.08*	0.18*	0.11*
因為新聞媒體宣傳而減少二氧化碳排放	0.16*	0.04	0.04*	0.08*	0.21*	0.02	0.29*	0.12*	0.19*	0.09*	0.17*	0.14*	0.05*
核能總發電量比例	0.20*	-0.02	-0.07*	-0.04*	-0.00	0.00	0.11*	0.01	0.07*	0.10*	0.08*	0.03	-0.05*
女性	0.03	0.02	-0.05*	-0.01	0.01	0.10*	0.06*	0.05*	0.10*	-0.05*	-0.09*	-0.03	-0.03*

表 2-2 變量相關係數表（續）

	1	2	3	4	5	6	7	8	9	10	11	12	13
已婚	0.09*	0.01	-0.00	-0.02	-0.01	0.06*	-0.02	-0.03	-0.03	-0.02	0.00	0.05*	-0.03
家中有 12 歲以下小孩	0.05	0.05	-0.05*	-0.03	0.03	-0.06*	0.01	-0.04	0.06	0.01	0.00	-0.01	-0.02
年齡	0.11*	-0.03	0.03	0.06*	-0.03	0.17*	-0.05*	-0.02	-0.07*	-0.04*	-0.00	0.09*	-0.03
教育年數	-0.06*	0.01	0.12*	0.12*	-0.01	-0.06*	0.05*	0.14*	0.03	0.16*	-0.09*	-0.03	0.08*
泛綠	-0.00	0.02	0.08*	0.08*	0.08*	0.01	0.06*	0.14*	0.15*	0.08*	0.18*	0.02	0.06*
泛藍	0.01	0.02	-0.06*	-0.02	-0.04*	0.00	-0.00	-0.13*	-0.16*	-0.07*	-0.20*	0.03	-0.01
每月平均所得	-0.01	-0.02	0.13*	0.10*	-0.03	-0.08*	0.02	0.08*	-0.01	0.08*	-0.06*	-0.00	0.04*
交通工具													
步行/腳踏車	0.08*	0.09*	-0.01	0.01	-0.00	0.28*	0.01	0.00	0.02	-0.03	0.03	0.01	-0.02
四鐵	-0.03	0.03	0.05*	0.04*	-0.01	0.30*	0.02	0.04	-0.01	0.01	-0.02	-0.01	0.02
機車	0.04	0.01	-0.06*	-0.03	0.04*	-0.18*	0.02	-0.04	0.04*	0.01	0.07*	0.03	0.02
汽車/計程車	-0.06*	-0.09*	0.03	-0.00	-0.03	-0.19*	-0.04*	0.01	-0.06*	-0.01	-0.08*	-0.03	-0.02
階級													
非勞動力	0.05*	-0.02	0.02	0.04*	-0.00	0.19*	-0.01	0.00	-0.02	-0.05*	-0.01	0.07*	0.01
雇主	-0.02	-0.01	0.01	0.01	-0.01	-0.07*	-0.02	-0.03	-0.02	0.01	-0.04*	-0.02	-0.04*
受雇於公部門	0.02	0.06	0.04*	0.03*	0.01	-0.06*	0.06*	0.07*	0.03	0.05*	-0.02	0.02	0.03
新中產階級	-0.02	-0.07*	0.02	0.02	-0.01	-0.08*	0.01	0.06*	0.01	0.08*	-0.02	-0.03	0.01
非技術工人	-0.07*	0.02	-0.05*	-0.07*	0.03*	-0.03	-0.01	-0.06*	0.03	-0.02	0.06*	-0.04*	-0.02
自營作業者	0.05	0.06	-0.00	-0.00	-0.01	-0.02	-0.05*	-0.04*	-0.01	-0.03	0.03	-0.00	-0.00
失業	0.01	0.00	-0.06*	-0.04*	-0.02	-0.01	0.01	-0.02	-0.03	-0.06*	-0.01	-0.01	-0.01
居住地有捷運站	0.05	-0.01	0.01	0.02	0.02	-0.05*	-0.01	-0.01	-0.00	0.00	-0.01	0.02	0.01
居住地有火車站	0.01	-0.12*	0.01	0.04*	0.01	0.12*	0.02	0.03	-0.01	0.02	-0.02	-0.02	0.03
居住地公車 × 路線圖	0.05*	-0.11*	0.04*	0.04*	0.02	0.09*	0.04*	0.04	0.01	0.05*	-0.00	-0.03	0.03

*$p < 0.05$

第三章

台灣民眾低碳轉型的日常消費行為與支付意願

一、前言

　　過去四十年來，台灣面臨民主化與後工業社會的轉型，民眾的環境行為從反污染的自力救濟、逐漸走向淨零生活的調適。過程必然涉及許多政治角力與社會衝突，例如近年來的核電存廢之爭、火力發電的空污治理、電動機車與燃油機車的換購補助「油電平權」對抗、與農漁業綠電抗爭事件等。台灣想要在未來近三十年的時間，逐漸邁向達成淨零排放的長期目標，並非易事。只要這些政策涉及民眾日常生活的呼吸、飲水、食衣住行等各方面的價格與行為調整，必然會持續面對各種社會與政治爭議。透過民意調查的分析，本章希望探究社會與政治因素對台灣民眾日常消費與改善環境成本支付意願的影響。

　　在環境社會學有關碳排放的學術研究文獻裡，有「生產的苦力磨坊」的悲觀論，與「生態現代化」樂觀論的爭執，持續迄今，逐漸演變成「零成長」與「生態資本主義」的相關爭論。「生產的苦力磨坊論」認為自從工業革命以來，資本主義經濟發展為追求利潤，國家與廠商之間的競爭，會將地球生態推向萬劫不復，除非改變資本主義發展的途徑，改用某種「社會主義」、反消費主義或分散的社區經濟制度，否則無法挽回人類持續增加排碳與全球暖化的趨勢（Gould et al. 2004）。

　　相對於「生產的苦力磨坊論」的觀點對資本主義剝奪自然資源的理解，「生態現代化理論」認為經濟發展難免會造成工業化初期的生態破壞，但工業化之後人類可能透過反思現代性重新治理環境，獲得現代化改善生態的效益。利用資本主義追求利潤的動機本身，有可能透過國家強化管制、企業社會責任或消費者運動等手段，引導廠商走向低碳生產與綠色消費（Mol 2001）。

　　「生產的苦力磨坊」與「生態現代化」這兩個論點之間雖然不是完全對立，對於民眾改變消費的動機或廠商的行為，仍然做出可能相反的假設；而且往往流於左派與右派之間的抽象論證，而缺乏數據實證。事實上，國家、廠商與民眾的節能減碳態度與行為往往複雜得多，不同部門減碳的政治經濟利益、與各種社會因素皆可能會影響減碳政策的成效，未能釐清這些社會因素對減碳政策偏好的影響方向與程度，將會使得前述兩個巨型理論的爭議，流於空洞的政治立場表態，也可能模糊邁向淨零排放的可行途徑與關鍵爭議點。

有鑑於此，本章將從前述巨型理論的回顧出發，先釐清主要的理論與立場之爭。然後逐項檢視不同社會因素對減碳政策的影響，特別是公民社會參與對台灣民眾日常節能減碳行為的影響、日常消費與減碳政策的關聯性，最後提出一些較為複雜，但是或許更為實際且有效的減碳策略。

為了與前述的兩大環境社會學理論對話，本書前兩章根據環境社會科學的相關理論，提出六個人文社會因素，即民眾的環境意識與風險感知、個人社會經濟地位、公民參與及社會資本、性別角色與世代差異、階級分化與社會排除，以及能源政治或產業利益立場，這六類因素會影響台灣民眾的減碳政策偏好，包括日常生活的節能減碳行為、民眾對政府為了減碳推動個人加稅與漲價政策的接受程度、民眾交通運輸節能減碳的政策偏好、民眾對於國家管制高耗能產業相關政策的態度以及民眾對能源（特別是電價）政策的偏好等。相較之下，生產的苦力磨坊論或生態現代化理論顯得過度簡化，前述六大社會因素對減碳政策偏好的影響則相對複雜。在本章，我們將首先探討前述的六項社會因素對民眾日常生活減碳行為、以及民眾對政府為了減碳推動個人加稅與漲價政策的接受程度。

二、從改善消費偏好到承擔環境成本

無論是全球各國或台灣民眾的環境意識，在過去半個世紀以來皆經歷從反環境污染運動到低碳生活轉型的典範轉移，同時也隱含國家與公民社會面臨環保與發展的兩難。例如在 1960 年代，《寂靜的春天》之類的環境意識著作，主要針對的是殺蟲劑等化學毒性物質的污染對生態造成的破壞（Peakall and Van Emden 1996）。1980 年代，西方科學社群或環保運動組織主要對抗的是核子戰爭或核電廠事故所造成的危害（Beck 1992）。隨著氣候變遷成為科學社群與民眾關注的社會議題，先前發展起來的兩個巨型環境社會學理論，成為學術界用來分析碳排放趨勢的主要觀點（Jorgenson and Clark 2012）。

左派或生態馬克思主義者所主張的「生產的苦力磨坊論」，認為全球生態危機來自於資本主義的過度生產與過度消費，因此將改革矛頭指向資本主義的生產方式本身（齋藤幸平 2023）。對現代化或資本主義經濟發展抱持較為樂觀態度的「生態現代化理論」，則認為透過政治與科技干預，人類有能力利用資本主義下追求利潤的動機來減少溫室氣體排放。這兩類理論並非完全針鋒相對，兩者同時批判的，是戰後「大量生產、大量消費」模式下的消費主義（Consumerism）。消費主義則是指國家或個人持續增加消費活動在國內生產毛額（GDP）或家庭所得裡所占的比例，有助於經濟成長，因此鼓勵消費活動增加的意識形態。也有學者認為現實存在的社會主義也受大量生產與消費主義的意識形態影響、共產主義要為造成核電廠事故負責（Gould et al. 2004）。然而左派或社會主義者、與生態現代化理論對消費主義的批判觀點仍有歧異，涉及人們日常生活的減碳策略。以下我們將說明生產的苦力磨坊論與生態現代化理論對民眾消費偏好的預設。

（一）改變消費偏好與日常生活習慣

環境主義認為改變民眾的消費偏好與生活習慣才能達成節能減碳的目標，然而左派與溫和派改變消費主義的策略大不相同。馬克思主義者認為西方二次大戰後的消費主義，起源於資本主義的過度生產與資本積累的危機，資本追求積累而壓低勞動階級的薪資，卻又希望製造出大量商品能夠販賣給勞動階級的消費者，因此會造成週期性的生產過剩、消費不足與大蕭條。1929 年的大蕭條導致霸權國家之間的世界大戰，戰後重建壟斷資本主義，是以福特汽車的生產體制為藍圖，一方面提高中產階級與工人階級的薪資與購買力，另一方面透過廣告來刺激民眾的消費欲望，讓新興中產階級購買非生存必要的大量商品，甚至計畫性地縮短產品的生命週期，持續有計畫地刺激消費活動，以免資本主義再次落入生產過剩與消費不足的經濟危機（Baran and Sweezy 1966）。

相對於 1970 年代的新馬爾薩斯主義者將生態危機歸咎於人口爆炸超越生態涵容能力（Ehrlich 1968），後來的生態馬克思主義者認為穩定的壟斷資本主義，是建立在擴大生產與刺激消費的國家干預基礎上，造成生態危機的因素主要不是人口過多、而是資本主義擴大再生產的後果（O'Conner

1997）。然而做為批判資本主義的實存替代方案，社會主義國家計畫經濟體制的環境污染情況，並未遜於資本主義國家，前蘇聯時代的車諾比核電廠爆炸事件，使得人們意識到計畫經濟導致生態危機的風險（Beck 1986; Gorz 1994）。從 1980 年代開始，新自由主義的經濟學盛行，要求國家退出市場，隨著 1990 年代後冷戰時期資本主義全球化，資本外移到發展中國家如中國與印度，不少環境主義者擔心發展中國家的迅速工業化，將進一步造成「生產的苦力磨坊」的資源消耗與生態危機（Gould et al. 2004）。有鑑於此，當代左派生態主義者雖然同意減少消費全球資本品牌、改變高排碳消費習慣的重要性，卻也無法回到計畫經濟觀點，往往訴諸某種注重生態與去中心化的社區經濟理念（Klein 2000），或是鼓吹去成長的立場以替代資本主義（齋藤幸平 2023）。

　　「生態現代化理論」並未如同生產「加速毀滅理論」般悲觀，認為在人類的反思性影響下可以改善環境，隨著工業化發展，人們逐漸意識到環境污染與工業社會科技風險所造成的損失，就能利用經濟發展的生產剩餘來投入環境保護，導致先破壞環境之後再加以補救的「生態 Kuznets 曲線」。此一論點始於 1991 年北美自由貿易談判抗議者爭論貿易成長會惡化墨西哥環境，美國經濟學者 Grossman 和 Krueger 以實證研究展示環境污染與人均收入之間的關係，呈現污染在低收入時期隨人均 GDP 增加而上升，高收入時期隨 GDP 增長而下降之趨勢（Grossman and Krueger 1995）。隨後 Panayotou（1997）借用 1955 年 Simon Kuznets 界定的人均收入與收入不均等之間的倒 U 型曲線來命名此發現。前述實證研究指出，即使考慮污染移轉的問題，學術界多半發現工業化程度越高的國家，其環境保護投資與生態政策績效會比發展中國家更好，而貧困與低度發展國家即使不走資本主義發展之路，也未必能解決環境問題，這就導致多數國家會採取「先發展、後治理」、或是發展同時治理的生態現代化策略（Mol 2001）。然而，「生態現代化理論」的相關文獻，對國家、廠商、消費者與公民社會的角色，並沒有一致的立場。

　　「生態現代化理論」批判消費主義的觀點，通常來自於美國社會學家 Thorstein Veblen（1899）提出的有閒階級論，此一觀點認為人類經常以炫耀性的消費來彰顯權力與身分地位，並且輕視普通勞動階級之生產貢獻，這未必與資本主義的結構性危機有關，但是卻造成社會地位的不平等。從炫耀性消費理論的角度出發，改變消費的社會意義並且以消費者運動以制約廠商是可能的，這就成為「綠色資本主義」或「綠色消費」等理論的基礎。舉例而言，只要中產階級消費者認為綠色生產與消費更有道德與遠見，就可能說服他們扭轉其消費習慣，進而主張小而美的生活方式，在日常生活裡進行節能減碳（Wann 2007）。若節能減碳的價值與生活方式從中產階級擴散，或許能有助於改善氣候變遷。

（二）日常生活消費改革的瓶頸

然而，這種過度簡化的「簡單生活」觀點常受到環境經濟學者「公地悲劇」理論的挑戰（Hardin 1968）。由於環境污染有外部性，就算有些消費者減少消費、或者把錢花在較高價位的環保產品，其他消費者仍然可以順利搭便車，享受別人減少污染的成果、自己卻仍大量消費、買便宜但高污染的產品；資本家也可以轉移到能夠忍受高污染的發展中國家進行生產（Nordhaus 2013），例如在 2008 年以後，號稱世界工廠的中國，就成為排碳量最大的國家，而高污染產業外移到中國與印度等發展中國家，亦引起環境不正義的問題。結果是越來越全球化的資本主義，未必能夠淘汰高污染的廠商、反而更難管制環境外部性（齋藤幸平 2023）。另一方面，雖然透過消費者運動與社會企業責任制度的建立，可以給全球品牌廠商壓力，然而就算廠商宣稱本身的產品製程相當環保，因全球品牌廠商難以掌控外包代工廠的污染問題，以至於企業社會責任的效果可能僅為「漂綠」（Greenwashing）而已（Laufer 2003）。

因此，國家或國際與區域政治組織必須扮演一定的角色，至少要建立國家綠色 GDP 計算、廠商的綠色會計、綠色產品認證稽核、與碳權或綠色債券等金融交易市場可以運作的「綠色經濟」相關制度規範，例如歐盟於 2021 年開始適用永續金融法規（Sustainable Finance Disclosure Regulation, SFDR），希冀能夠透過永續商品具備更明確的定義與標準，促使「漂綠」的行為可以被更有效的管理（張瑞婷 2021: 12），企業進行永續性投資時應據實揭露相關資訊，杜絕企業或金融商品「漂綠」（黃帥升 2021: 74）。其中，值得關注的是，目前關於資訊揭露與透明度的國際標準仍有改善的空

間，在定義尚不清楚的情況下，亦導致綠色經濟在實際執行面上難以確實
監督（陳俊元 2021: 110）。

除了假環保、真漂綠此一重大的綠色經濟問題之外，認為綠色資本主
義可以驅動科技發展、由市場與廠商透過綠色生產解決溫室氣體排放管制
問題的觀點，尚面臨「傑凡斯悖論」（Jevons Paradox）的挑戰。此一悖論
指出：雖然科技進步減少每單位商品或服務生產所需的能源或溫室氣體排
放量，卻因為消費者獲益於環保商品成本與價格下降而擴大消費，導致生
產與消費之商品或服務總量的增加，整體加總來看，實則消耗地球上更多
的能源，也造成更大規模的環境傷害。「傑凡斯悖論」在交通上的案例最
為明顯，最近半個世紀以來，汽、機車與電動車的環保標準已經有大幅提
升，消費者也購入更多車輛，馬路拓寬往往很快會導致繼續塞車。上述對
於綠色資本主義的批判，認為綠色消費或運用新科技節能生產，其實無法
解決市場失靈與外部性的缺陷（Sorrell 2009）。

面對環境污染或碳排放之類的負外部性問題不能靠市場解決，全球生
產鏈自主管理的資訊成本與利益衝突等困境，以及傑凡斯悖論認為科技改
善經濟效率，降低單位環境成本卻擴大消費需求的問題，許多經濟學者與
環保主義者如諾貝爾獎得主 William Nordhaus（2013）等，皆建議國家協
助管制市場建立碳價、抑或是國家介入加稅等強制措施，可能成為人類治
理氣候變遷的必要手段。這些以引進國家稅費管制或區域稅費管制（例如
歐盟的碳邊境稅）、同時透過國家財政稅費、貨幣、金融等政策手段，投
資在綠能或電動運具等淨零科技與產業，這種國家中心論的主張被稱為生
態凱因斯主義或氣候凱因斯主義，這些論述共同支持非全面計畫經濟的公
私部門混和國家干預政策（齋藤幸平 2023）。例如，美國學界推動、民主
黨政治人物所提出的綠色新政，試圖結合重分配政策和環境政策，其總支
出至少占年度 GDP 的 2%，公民團體則是要求依據民主選舉中的政策偏
好制定政策，而較少討論如何將相關的成本與後果之分配效果納入考量
（Armingeon and Bürgisser 2021）。

碳環境稅費，是一種針對碳排放量進行稅費課徵的方式，亦為目前國
際碳定價實務上最常使用的工具之一（劉哲良 2022: 119）。從廠商的角度
來看，國家稅費提升與移轉都會打擊利潤，而且無論碳稅或碳費的影響程

度以及管道為何，對於一般民眾最直接的影響，恐怕會造成物價攀升與平均實質消費能力之降低（洪志銘 2022: 37）。因此，民眾是否能接受提高稅收或提升物價來達到減少資源浪費與淨零排放的目標、或是有無實施國家稅收對窮人移轉的公正轉型方案，可能會是影響國家減碳政策成敗的關鍵因素之一。

（三）低碳消費改革與減碳政策偏好

　　經濟成長與生態條件的關係分為生態現代化理論與生產的苦力磨坊理論因過度鉅觀，往往使得雙方的論證難以推論個體層次的行為假設。即便如此，最近的相關文獻與研究發現，仍然有助於我們從鉅觀理論連結到個體觀念與行為。舉例來說，與「生態現代化理論」有關的後物質主義理論就認為，與兩次大戰世代相比，較年輕且受過高等教育的世代偏向後物質主義，會比較支持生態主張與環保運動（Inglehart 1977），也應該會支持日常節能減碳。落實到個體層次的個人社會經濟地位，所測量的自變量主要是教育程度與個人所得，是否影響其環境態度或政策偏好（Mayerl and Best 2018）。

　　後物質主義理論認為，經濟發展會帶動教育擴張與個人所得上升，然而兩者的效果似乎有所差異。高等教育擴張的主要效果是所謂的客題主觀價值理論（OPSV），即民眾獲得資訊感知到客觀的環境問題，並且改變主觀的環境價值觀（Inglehart 1995），而理性選擇學派的公共經濟學者，則是將主要論點放在個人所得提高，所得越高，人們願意花費在改善環境與生活品質的邊際支出會增加（Franzen 2003）。另一方面，生產的苦力磨坊理論主張去成長，暗示其對於個人生產所得與日常生活消費關係的假設是正向相關，資產階級與製造業工人等資本主義發展的受益者更支持經濟成長與物質主義，唯有透過避免資本主義的大量生產與經濟成長，才能抑制消費主義。

　　後來針對價值觀與理性選擇這兩個論點的跨國比較研究，使用世界價值觀調查（World Value Survey, WVS）或國際社會調查計畫（International Social Survey Project, ISSP）資料顯示，教育似乎比個人所得或社會經濟地位更能影響各國受訪者的環境友善態度，總體經濟發展程度與個人社會經濟地位則有交互作用，然而受調查年度與 WVS 或 ISSP 等不同問卷差異，統計結果不太一致（Dunlap and York 2008; Franzen and Meyer 2010; Knight and Messer 2012; Pampel 2014; Mayerl and Best 2018）。總之，就「生態現代化理論」較為相近的後物質主義文獻而言，得到較多民意調查實證數據的支持。在後工業社會環保意識高漲的脈絡下，促成民眾在日常生活裡減碳，達到碳中和的生活方式，亦即本章所定義之淨零生活典範，已成為全球各國因應氣候變遷最重要的策略（李堅明等 2019）。

生產的苦力磨坊理論希望發動立即徹底改變資本主義的烏托邦式消費革命，對大多數民眾來說，畢竟不是很實際的選擇，然而這一派理論認為生態危機具有系統性的批判觀點，仍然值得重視與討論。相對於生態現代化理論當中的部分論述傾向個人消費主義的偏好改變、或是透過消費者運動要求廠商實行減碳與循環經濟就可以「環保救地球」，生產的苦力磨坊理論認為節能減碳不僅止於個人的消費偏好問題，一個社會若要改變市場失靈與外部性下環境破壞或排碳的程度，應該使用國家干預資本主義生產與消費的管制工具。

國家干預高污染廠商生產的工具，包括直接法律管制，例如監測與罰款、或是間接利用稅收與物價來調控市場機制與轉嫁高污染產品的外部成本。在 1960 年代，歐美工業國家民眾環境意識興起之初，主要的環保運動也是反對石化或重金屬等工業污染，因此，在 1970 年代，多數國家針對污染物，通常是以建立對人體健康危害的標準，針對主要排放廠商採行直接管制之環境政策；但部分學者認為非管制類型的政策工具，可提供民眾改善環境誘因，各國遂於 1980 年代後期強調運用多元政策工具（原承君、林翠芳 2017: 103）。舉例而言，日本政府目前將節能做為實現雙碳目標和應對氣候變遷的首要政策工具，強調相關節能制度必須與時俱進（陳銘聰 2021: 29）。在環境經濟學或公共政策的相關理論中，為矯正負外部性，國家稅收與物價是具有潛在成本與效益的政策工具，主要是期望能減少污染的外部性所造成的市場失靈，以利於將外部成本內部化。以適當的政策對外部成本增加課稅或提高物價，可能會減少民眾消費或將轉移到較無污染的替代品，進而有助於整體減碳（Gupta 2016: 47）。

「生產的苦力磨坊理論」認為應該對抗個人消費主義，由國家或社區來干預生產；「生態現代化理論」則認為應該改變民眾消費的意義，建立綠色消費的習慣。然而，較少文獻注意到民眾在微觀的環保消費、與鉅觀的國家政策偏好的實證關聯性，這兩派之間的爭論也模糊了公民社會或社會資本的關鍵角色。社會學界多半承認公民社會或環保運動的參與者，是影響民眾改變消費偏好與習慣的關鍵行動者。長期來看，消費者對低碳商品或生活方式的偏好，可以透過教育宣導與公民社會交流等反思的方式來改變。因此有學者主張若要落實 2050 淨零排放目標，應加強民眾對低碳生活的認知及提升公民參與（劉淑華 2015）。

公民社會的組織與網絡通常被稱為一種社會資本（Putnam 1995），個人和集體採取環境保護之相關集體行動，皆須負擔一定的組織與資訊成本，因此既有的社會資本有助於跨越集體行動難題。透過國際環境社會學文獻的回顧與台灣的本土經驗反思，我們認為個人和集體消費行為改變是朝向低碳和永續轉型的重要因素，並涉及民眾之社會資本與對國家政策的支持程度（蕭新煌 2000；何明修 2006；Sunstein 2013；Fairbrother 2019）。

根據我們回顧的六類人文社會因素文獻，顯示民眾是否意識到氣候變遷所造成的災害風險、是否參與到環境運動或公民社會相關組織，可能會影響其日常生活減碳行為或消費時願意支付的成本、同時影響其對政府減碳政策時的支持態度與程度，據此可以豐富我們對於前述兩大理論爭議的理解。

三、台灣民眾的日常生活節能減碳行為

民眾日常願意採取節能減碳生活方式或投入環境運動，是否也會影響其對於國家管制政策的支持度呢？我們在本章希望探討民眾的社會經濟地位或參與公民社會，是否影響其日常生活的節能減碳態度或行為，若在日常生活中有節能減碳的行為，是否也會影響其對於國家實施各種管制政策，特別是加稅或漲價的政策之支持程度。雖然在國際文獻裡，已經出現類似研究成果（Vicente et al. 2021），但仍是首次分析日常友善環境行為與政策偏好的關係。首先，我們將說明研究當中對日常生活減碳行為的測

量;其次,將探討影響民眾日常生活減碳態度與行為的社會因素;最後,則是分析日常生活節能減碳態度與行為,是否也會影響民眾對國家干預的支持程度。

在本書裡,我們使用 2017 年度民意調查的兩個主要問題來測量民眾日常的節能減碳行為。首先,我們詢問受訪者是否會為了節能減碳少搭電梯走樓梯以及是否曾經參加節約能源的活動,研究結果發現有 42.9% 的民眾曾經參加節約能源的活動;有 40.8% 的民眾會經常為了節省能源而多走樓梯,少搭電梯(請參見第二章),顯示有部分民眾為了環保而改變消費主義的生活方式,我們將探討使民眾改變日常生活消費方式,是否受到文獻所提到的社會經濟地位、性別、階級、世代、黨派或社會資本等因素所影響。

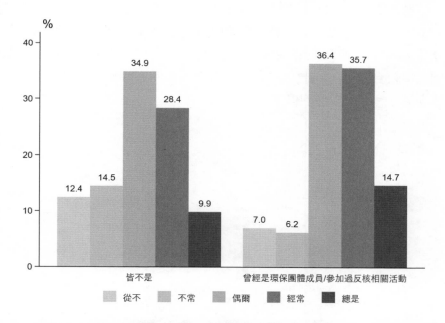

▲ 圖 3-1　參與環保團體或反核運動會影響民眾日常節能減碳多走樓梯

資料來源:本研究

為何有部分民眾改變日常消費主義的習慣而節能減碳?我們認為,公民社會參與確實會改變民眾的日常行為。如圖 3-1 所顯示,在不曾參加環保團體或反核運動的民眾裡,只有 28.4% 的民眾經常少搭電梯多走樓梯、

9.9% 的民眾總是走樓梯；在曾經參與環保團體與反核運動的民眾裡，則有高達 35.7% 的民眾會經常少搭電梯多走樓梯，另外有 14.7% 的民眾總是如此。顯然地，和不曾參與環保團體或反核運動的民眾相比之下，曾經參與環保團體或反核運動的民眾較多會顯著改變其日常生活行為，比較常少搭電梯多走樓梯。

除此之外，少搭電梯多走樓梯也與其他的低碳交通生活方式有很大的關聯性。在前一章裡，我們曾經將台灣民眾的交通生活方式主要區分為四類，包括步行或腳踏車等「活力交通」、捷運或台鐵等四種軌道運輸（簡稱公共交通）、機車與汽車，在 2017 年機車使用者占 52.8%，汽車則是 23.9%，這四類交通工具使用者對「少搭電梯多走樓梯」也有不同的回答，如圖 3-2 所示，其中採用活力交通者最常多走樓梯（經常與總是達到 47.6%）、其次是坐公共交通者（經常與總是 42.6%）、第三則是機車（經常與總是 41.7%）、使用汽車者則最少走樓梯（經常與總是 35.4%）。雖然這個因素算符合預期，我們可以發現日常交通生活方式相當顯著地影響台灣民眾少搭電梯多走樓梯的機率。

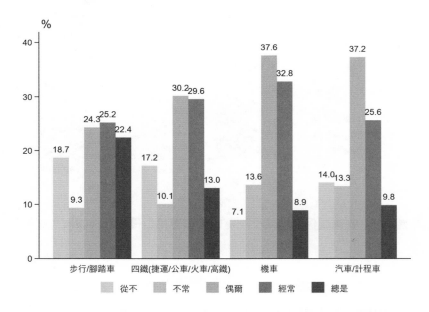

▲ 圖 3-2　交通生活方式與日常節能減碳少搭電梯多走樓梯的關係

資料來源：本研究

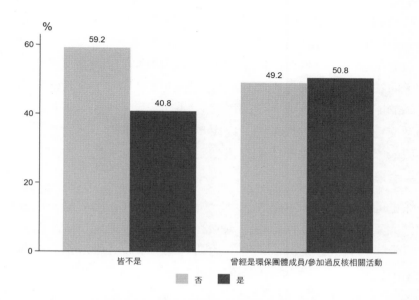

▲圖 3-3　參與環保團體或反核運動民眾參加節能減碳活動的機率

資料來源：本研究

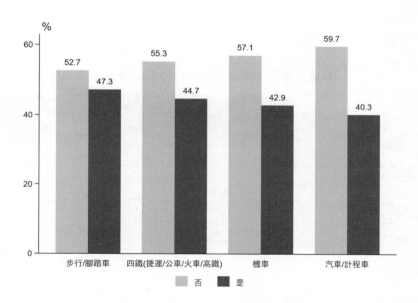

▲圖 3-4　不同交通生活方式的民眾參加節能減碳活動的機率

資料來源：本研究

　　我們測量日常生活節能減碳的第二個指標是「曾經參加節約能源的活動」，這個指標亦同樣地受到公民社會參與的影響。如圖 3-3 所示，在未曾參加環保團體與反核活動的民眾當中，有四成回答曾經參與過節約能源的活動，而在有參加過環保團體或反核活動的民眾當中，曾經參與過節約能源活動的比例則超過五成，兩個群體之間的比例有統計顯著差異；而在前述四種交通生活方式的民眾裡，採用步行或腳踏車等「活力交通」者，曾經參與過節約能源活動的比例超過採用其他三種交通生活方式者，其中使用汽車者最低。

　　除了前述因素外，本章將統計分析的重點，放在階級與公民社會參與這兩個因素，探討其如何影響民眾回答是否會為了節能減碳少搭電梯走樓梯、以及是否曾經參加節約能源的活動。下一章將詳細地探討台灣民眾交通生活方式與減碳政策偏好的關係。針對是否曾經參加過節約能源活動，我們使用的是二分類的邏輯迴歸模型，關於是否會為了節能減碳少搭電梯走樓梯，答項是五分類的 Likert 次序回應，因此越高分就越傾向多走樓梯，我們採用多元線性迴歸模型進行分析，兩種模型都是迴歸係數顯著正向相關時，即是更可能在日常生活裡參加這兩種節能減碳的活動。兩種模型的迴歸估計結果報告請參見表 3-1。

表 3-1　影響民眾日常生活節能減碳行為的社會因素，2017

	模型 3-1 曾經參加節約能源活動		模型 3-2 少搭電梯走樓梯	
	Coef.	s.e.	Coef.	s.e.
階級				
Ref: 非勞動力				
雇主	-0.72	(0.43)	-0.00	(0.21)
受雇於公部門	-0.38	(0.30)	0.12	(0.15)
新中產階級	-0.50	(0.25)	-0.12	(0.13)
非技術工人	-0.60**	(0.23)	0.01	(0.12)
自營作業者	-0.06	(0.33)	0.26	(0.17)
失業	0.36	(0.44)	0.06	(0.22)
教育年數	-0.02	(0.03)	0.01	(0.01)
每月平均所得	0.00	(0.00)	-0.00	(0.00)
居住地有火車站	0.35*	(0.15)	-0.09	(0.07)

表 3-1　影響民眾日常生活節能減碳行為的社會因素，2017（續）

	模型 3-1 曾經參加節約能源活動		模型 3-2 少搭電梯走樓梯	
	Coef.	s.e.	Coef.	s.e.
居住地有捷運站	0.03	(0.17)	-0.19*	(0.09)
居住地的公車站牌× 路線數（千）	0.00	(0.00)	-0.00	(0.00)
女性	0.10	(0.15)	0.02	(0.08)
年齡	0.01	(0.03)	0.00	(0.02)
年齡平方項	-0.00	(0.00)	-0.00	(0.00)
已婚	0.09	(0.20)	0.05	(0.10)
家中有12歲以下小孩	0.32	(0.17)	0.09	(0.08)
曾是環保團體成員或參加 過反核活動	0.45**	(0.17)	0.33***	(0.09)
產業過度使用石油或煤礦 是造成氣候暖化的主因	-0.09	(0.07)	0.02	(0.03)
全球暖化會對台灣造成災 難性影響	0.13	(0.07)	0.05	(0.04)
因為新聞媒體宣傳而減少 二氧化碳排放	0.17**	(0.07)	0.02	(0.03)
泛綠	-0.09	(0.17)	0.06	(0.09)
泛藍	0.00	(0.20)	0.10	(0.10)
常數項	-2.09*	(1.02)	2.77***	(0.51)
N	899		897	
AIC	1215.54		2655.83	
BIC	1330.77		2771.00	

* $p<.05$ ** $p<.01$ *** $p<.001$

資料來源：本研究

　　如表 3-1 所示，模型 3-1 是曾經參加節約能源活動的邏輯迴歸係數，模型 3-2 是少搭電梯多走樓梯的線性迴歸係數，我們發現會影響民眾是否曾經參加節約能源的活動、以及是否會為了節能減碳少搭電梯走樓梯的機率，在第二章所介紹的五組自變量裡，主要顯著因素只有兩大類：社會資本與階級不平等。

　　如前一章所述，我們首先將台灣民眾的階級位置分為雇主、公部門受雇者、新中產階級、非技術工人與自營作業者，在這五類的階級身分當中，受雇於私部門的新中產階級與非技術工人，較少參加節約能源的活動，雇主也是相當負向，但由於人數較少而統計不顯著。除此之外，自營作業者包括農民較常走樓梯，可能是與居住條件有關。綜合上述，前述統計結果顯示資本主義工作所造成的階級分化，確實會影響民眾在日常生活裡節能減碳的機會，相對符合「生產的苦力磨坊」理論的批判性觀點，特別是非技術工人很少參加節能減碳活動，顯示台灣對一般職場或工廠勞工之日常減碳的推行仍有待加強。另一方面，個人的教育年限與所得高低，都與是否曾經參加節能減碳活動、或少搭電梯走樓梯的行為無關，顯示生態現代化理論效力有限。

就測量社會資本的「曾是環保團體成員或參加過反核活動」這一題虛擬變量來說，可以顯著提高民眾參加節約能源活動的發生比，以及少搭電梯多走樓梯的頻率，尤有甚者，民眾也可能「因為新聞媒體宣傳而減少二氧化碳排放」，進而提高參加節約能源活動的機率，通常這是因為這些民眾較關心環境議題的緣故。總之，隨著台灣民眾參加環保運動與公民社會活動，人們更可能採取節能減碳的日常生活方式。

針對前述模型，我們也使用大多數問卷中的控制變量，例如是否有氣候變遷的風險感知、同意產業過度使用石油或煤礦是造成氣候暖化的主因、同意全球暖化會對台灣造成災難性影響、在高耗能產業就業、對核能發電比例的正確知識、性別、婚姻、家庭有小孩、年齡、或是政黨立場，前述所有的控制變量，皆未影響民眾參與節能減碳活動的機率，僅居住地有火車站此一交通與城市化程度的測量碰巧有正相關。有鑑於此，我們發現台灣民眾之日常生活減少能源消費的活動參與，主要還是受到公民社會參與以及資本主義階級身分的影響。接下來我們將探討民眾日常減碳是否影響其政策偏好。

四、台灣民眾日常生活減碳與承擔加稅或漲價的意願

如何評估民眾願意為改善環境支付的代價？一般財貨可透過公開市場的交易機制決定其價值，但是在自然生態系統的環境資源等「非市場財貨」（Non-Market Goods），沒有實際正式的交易市場，其價值無法以商品

方式來衡量其對於使用者所創造的效益（林裕強、李俊毅 2013），於是在估計社會成本與效益上困難許多，因此，經濟學者便針對非市場財貨，發展出條件評估法（Contingent Valuation Method, CVM）。對於民眾而言，支付意願是對資源、產品或服務所認定的價值，並以貨幣表示願意支付的價格，因此其通常包含兩大方面：「是否願意支付」與「願意支付多少費用」（Kowalska-Pyzalska 2019; Nakano et al. 2018）。因此，許多民意調查在操作化環境公共財的評價時，通常會詢問民眾是否有支付成本的意願，以及願意支付多少金額（Willis et al. 1996）。不少研究利用跨國問卷裡的環境政策願付稅收或價格，以分析全球應對氣候變遷的民意與政策發展趨勢時發現，如果民眾不願意為保護環境買單，該項政策極有可能注定會失敗（Kollmann et al. 2012: 11）。然而，跨國文獻顯示各國人民對於綠色產品與其支付意願的看法分歧，願意為綠色產品支付的範圍亦相差甚遠（Wei et al. 2018: 230）。

追隨前述的國際社會調查計畫環境組問卷的設計架構（朱瑞玲、楊淑雯 2013），以及國際比較研究裡以加稅與漲價來測量環境政策態度（Fairbrother 2019），本研究以支付意願來測量台灣民眾對環境政策的支持意願與程度。如第二章所述，本研究設計的兩個題目是：為因應全球氣候暖化的社會趨勢，台灣民眾願意多支付燃料稅以保護台灣環境的程度有多高，以及為因應全球氣候暖化的社會趨勢，台灣民眾願意個人配合漲價以保護台灣環境的程度有多高。值得一提的是，為了因應全球暖化而漲價是透過國家對公用事業間接管制（例如讓台電提高電價），而加稅則是直接對企業與個人消費（例如營業稅或燃料稅），雖然都是一種願付成本的測量方式，但是受訪者在現實脈絡中對加稅與漲價的認知可能略有不同，例如信任政府的受訪者可能更願意接受加稅（Fairbrother 2019），但是對於台電漲電價或自來水公司漲水價就未必支持。

台灣民眾願意多支付燃料稅以保護台灣環境的程度，以本研究 2017 年的調查結果而言並不那麼樂觀，其中表示「不願意」加稅的民眾過半（51.2%）。若願意加稅者，以「加 5% 或以下」的加稅級距者最多（30.2%），願意配合「加 6% 以上」級距者次之（18.6%）。我們也詢問台灣民眾願意提高多少物價以保護台灣環境？表示「不願意」提高物價的民眾比不願意加稅者更多（55.9%）；若願意加價者，以「加5%或以下」的級距者最多（28.4%），願意配合「加6%以上」級距者次之（15.7%）。如前一章所發現的，台灣民眾接受為了保護台灣環境而加稅與漲價的意願有所提升，然而由於後續年度的問卷受限於題組調整，刪除部分的自變項，以至於無法探討日常減碳活動對民眾加稅或漲價政策偏好的影響。因此，我們就以2017年問卷調查裡的這兩個問題來測量台灣民眾對環境成本的支付意願，分為不願意、加5%或以下以及加6%以上這三個等級，運用次序邏輯迴歸模型來進行發生比的估計，迴歸係數正向且數字越高表示該項自變量會提高民眾的支付意願，反之則是降低其支付意願。

接著想探討日常投入節能減碳活動是否影響民眾配合漲價與配合加稅的意願，因此，接下來的研究設計總共分為四個模型，模型3-3先估計公民社會參與及其他控制變量對個人配合漲價的意願；模型3-4則加入「是否曾經參加節約能源的活動」以及「是否會為了節能減碳少搭電梯走樓梯」這兩個變量，測試其統計顯著性。模型3-5則是估計公民社會參與及其他控制變量對個人配合加稅的意願；同樣地，在模型3-6加入「是否曾經參加節約能源的活動」以及「是否會為了節能減碳少搭電梯走樓梯」這兩個變量。這個設計將會部分呈現公民社會參與和日常生活減碳活動，其獨立效果與潛在路徑，導致支持加稅或漲價等環保政策的影響，我們將統計結果報告於表3-2。

表 3-2　台灣民眾的日常減碳行為與對減碳政策的支付意願，2017

| | 個人配合漲價 | | | | 個人配合加稅 | | | |
| | 模型 3-3 | | 模型 3-4 | | 模型 3-5 | | 模型 3-6 | |
	Coef.	s.e.	Coef.	s.e.	Coef.	s.e.	Coef.	s.e.
階級								
Ref: 非勞動力								
雇主	-0.25	(0.41)	-0.20	(0.41)	0.08	(0.39)	0.12	(0.39)
受雇於公部門	-0.17	(0.28)	-0.18	(0.28)	-0.12	(0.28)	-0.12	(0.28)
新中產階級	-0.22	(0.24)	-0.18	(0.24)	-0.03	(0.23)	0.03	(0.24)
非技術工人	-0.07	(0.21)	-0.05	(0.21)	-0.05	(0.21)	-0.01	(0.21)
自營作業者	-0.88**	(0.33)	-0.92**	(0.33)	-0.03	(0.31)	-0.10	(0.32)
失業	-0.75	(0.44)	-0.77	(0.44)	-0.07	(0.40)	-0.09	(0.40)

表 3-2　台灣民眾的日常減碳行為與對減碳政策的支付意願，2017（續）

| | 個人配合漲價 | | | | 個人配合加稅 | | | |
| | 模型 3-3 | | 模型 3-4 | | 模型 3-5 | | 模型 3-6 | |
	Coef.	s.e.	Coef.	s.e.	Coef.	s.e.	Coef.	s.e.
教育年數	0.06*	(0.03)	0.06*	(0.03)	0.06*	(0.03)	0.06*	(0.03)
每月平均所得	0.00	(0.00)	0.00	(0.00)	0.00**	(0.00)	0.00*	(0.00)
居住地有火車站	-0.07	(0.14)	-0.07	(0.14)	0.10	(0.13)	0.09	(0.14)
居住地有捷運站	-0.16	(0.16)	-0.13	(0.16)	-0.03	(0.15)	0.01	(0.16)
居住地的公車站牌×路線數（千）	0.00	(0.00)	0.00	(0.00)	0.00	(0.00)	0.00	(0.00)
女性	-0.09	(0.14)	-0.09	(0.14)	0.06	(0.14)	0.06	(0.14)
年齡	0.04	(0.03)	0.04	(0.03)	-0.02	(0.03)	-0.03	(0.03)
年齡平方項	-0.00	(0.00)	-0.00	(0.00)	0.00	(0.00)	0.00	(0.00)
已婚	-0.05	(0.19)	-0.06	(0.19)	-0.27	(0.18)	-0.28	(0.19)
家中有12歲以下小孩	-0.36*	(0.15)	-0.39*	(0.16)	-0.01	(0.15)	-0.06	(0.15)
高耗能產業	-0.11	(0.22)	-0.12	(0.22)	-0.15	(0.21)	-0.16	(0.21)
曾是環保團體成員或參加過反核活動	0.41**	(0.16)	0.33*	(0.16)	0.34*	(0.15)	0.24	(0.16)
產業過度使用石油或煤礦是造成氣候暖化的主因	0.24***	(0.06)	0.24***	(0.06)	0.15*	(0.06)	0.16**	(0.06)
全球暖化會對台灣造成災難性影響	0.04	(0.07)	0.03	(0.07)	0.24***	(0.07)	0.22**	(0.07)
因為新聞媒體宣傳而減少二氧化碳排放	0.12*	(0.06)	0.12	(0.06)	0.09	(0.06)	0.08	(0.06)
泛綠	-0.00	(0.16)	-0.01	(0.16)	-0.11	(0.16)	-0.12	(0.16)
泛藍	-0.37*	(0.19)	-0.40*	(0.19)	-0.17	(0.18)	-0.19	(0.18)
參加節約能源活動			0.14	(0.14)			0.33*	(0.13)
少搭電梯走樓梯			0.17**	(0.06)			0.22***	(0.06)
Cut1	3.46***	(0.98)	3.98***	(1.01)	2.90**	(0.94)	3.58***	(0.96)
Cut2	5.10***	(0.99)	5.63***	(1.02)	4.50***	(0.95)	5.21***	(0.97)
N	895		895		895		895	
Log likelihood	-857.00		-852.78		-896.16		-886.23	
Chi^2	73.37		81.81		74.40		94.27	
AIC	1764.01		1759.57		1842.32		1826.45	
BIC	1883.93		1889.08		1962.24		1955.97	

* $p<.05$ ** $p<.01$ *** $p<.001$

資料來源：本研究+

　　如該表所顯示，首先，在模型 3-3 裡，曾是環保團體成員或參加過反核活動、較認為產業過度使用石油或煤礦是造成氣候暖化的主因、教育年限較高、以及不支持國民黨（包括泛綠與無黨）的民眾，比較傾向同意個人配合漲價來節能減碳。相對地，家中有 12 歲以下小孩、自營作業者比較不願意個人配合漲價來節能減碳。其次，模型 3-4 加入「是否曾經參加節約能源的活動」以及「是否會為了節能減碳少搭電梯走樓梯」，可以發現少搭電梯多走樓梯者也會願意接受漲價，而且這個變項會一部分中介公民社會參與的作用，即公民社會參與者若日常生活也會參加減碳行動，更可能願意配合減碳政策漲價。

　　在加稅意願這個依變項之估計出現類似的統計結果。繼之，模型 3-5 顯示，曾是環保團體成員或參加過反核活動、認為產業過度使用石油或煤礦是造成氣候暖化的主因、認為全球暖化會對台灣造成災難性影響。60 歲以上、教育年限與每月所得較高的民眾，比較傾向同意個人配合加稅來節能減碳。最後，模型 3-6 加入「是否曾經參加節約能源的活動」以及「是否會為了節能減碳少搭電梯走樓梯」，結果兩個變量皆顯著提高加稅意願，而且也一部分中介但尚未能完全取代公民社會參與的作用。

（一）跨模型比較與結果討論

　　在民眾對加稅與漲價這兩個政策偏好的模型之間，有些值得注意的共通點與差異，加稅與漲價兩組模型共通之處在於高教育程度、參加環保運動或日常減碳活動者，對加稅或漲價都比較能夠忍受，符合後物質主義、社會資本這兩個理論；兩組模型差異之處，則是自營作業者與家中有小孩者不接受漲價但是沒有顯著反對加稅，而高所得者更願意加稅、而對漲價的反應無顯著差異，這些差異反映社會經濟地位與階級位置可能影響民眾對加稅與漲價的偏好分歧，其對環境政策的認知機制與意義值得進一步追究。

　　我們對此的解釋是，高教育程度與高所得者接受加稅比較符合生態現代化理論或後物質主義的觀點。相反地，台灣的家庭企業自營作業者與有小孩的家庭對物價上漲有較明顯的感受，但是受到所得稅起徵與級距等制度設計的影響，反而可能對加稅政策較不那麼敏感，若跟隨生產的苦力磨坊理論，會假設資本主義大財團更消耗能源、或中小企業或家庭企業的就業者更節能減碳，本章認為數據沒有辦法證實這一類假設。相反地，自營作業者如小農或家庭企業，可能無法承擔漲價的環境成本。

　　相對於前述一些顯著影響加稅與漲價意願的統計變量，在高耗能產業就業、對核能發電比例的正確知識、性別、婚姻等控制變量，通常不會影響民眾同意個人加稅或漲價的意願。此一結果亦顯示在 2017 年時，台灣不同年齡世代或性別的社會分歧，對民眾個人承擔低碳生活的支付意願，沒有太顯著的效應。然而，到下一章我們將會使用 2019 年到 2022 年的資料，可以看出減碳政策的支付意願，會受到民眾的黨派立場與政治局勢的影響而變化。

　　從前述結果可以發現，「曾是環保團體成員或參加過反核活動」可以顯著提高民眾參加節約能源活動的發生比、以及少搭電梯多走樓梯的日常生活節能頻率，而這兩個變量皆會明顯地使得民眾為減緩氣候變遷接受漲價與加稅，因此，減少日常消費主義傾向，仍可能會提升民眾承擔減碳政策之環境成本的意願，在這一點上，生態現代化理論與生產的苦力磨坊理論可以達成共識。

五、小結

　　「生態現代化理論」與後續的生態凱因斯主義文獻，認為經濟發展難免會造成工業化初期的生態破壞，但工業化之後人類可能透過反思現代性重新治理環境。「生產的苦力磨坊理論」卻認為自從工業革命以來，資本主義經濟發展為追求利潤，國家與廠商之間的競爭，將會使地球生態持續惡化，應改變資本主義發展的途徑，改用某種反大量生產與消費主義的烏托邦經濟制度，以達成去成長的整體經濟目標（齋藤幸平 2023）。兩者雖然在國家與市場上之企業減碳的角色上有爭議，其共通之處在於皆批判工業化社會時期的大量生產與消費主義，而且不少環保論述也都將改革的希望寄託於公民社會與環保運動以及日常生活的節能減碳。然而，在過去的環境社會學文獻裡，這兩個巨型理論的層次過高，雖有少數的跨國比較研究成果，往往很難進行環境運動的個案研究或個體層次的民意調查實證分析。

　　相對於前述宏觀環境變遷理論所留下的空白，本書提出六個政治社會因素，即民眾的環境意識與風險感知、有關後物質主義的社會經濟地位、公民參與及社會資本、性別角色與世代差異、階級分化與交通生活方式、以及能源政治或產業利益立場，這六類因素會影響台灣民眾的低碳政策偏好與減碳行為，本章則以日常生活的節能減碳行為進行統計分析，使用2017年台灣的民意調查資料測試後發現，其中兩個主要因素，公民參與跟階級分化，會影響民眾的日常生活節能減碳行為，社會資本對日常生活減碳有正面助益，而資本主義之中下階級例如勞工或自雇者，往往較難顧慮環境方面的問題，進而較少在日常生活裡採取減碳行為。

　　除此之外，我們也測試台灣民眾從日常生活節能減碳行為到個人承擔環境成本之意願的關聯性。本研究設計的兩個題目是：為因應全球氣候暖化的社會趨勢，民眾是否願意多支付燃料稅或個人配合漲價以保護台灣環境，如果願意配合加稅或漲價時，訪員追問願付比例。統計結果發現，對氣候變遷的瞭解與風險感知，例如「認為產業過度使用石油或煤礦是造成氣候暖化的主因」、「認為全球暖化會對台灣造成災難性影響」、以及參與過環保團體或反核運動等社會資本指標這兩類變量，可以提高民眾為了節能減碳接受加稅與漲價的意願；此外，由於公民社會參與者比較容易在日常生活裡節能減碳，日常生活減碳行為也會媒介公民社會對加稅或漲價的作用，亦即參與環保與反核運動者，若有日常生活的節能減碳行為，更可能接受政府為了保護環境而提出的加稅與漲價政策。尤有甚者，資本主義的階級雖然不直接影響民眾對為了環保加稅或漲價的態度，與社會經濟地位有關的教育程度與每月所得，仍然會影響民眾接受加稅或漲價的意願。簡言之，社會經濟地位較高的民眾比較容易忍受加稅或漲價。若制度設計上對少數富人課稅，甚至回饋給中低收入家庭與偏鄉，民眾也可能會更加支持環保加稅與漲價之政策（王寶貫、蕭代基 2023）。

　　因此，我們發現前述兩個宏觀理論對資本主義與消費主義的嚴厲批評，以及對公民社會的重視，能獲得一定的經驗證據支持，並可視為必須改變現有生活方式的宏觀脈絡和前提，以及因應對策的條件。然而，自雇者與工人階級比較難以承擔漲價的生活壓力，可能不贊成推動減碳稅費。其他經濟與社會因素，如性別、世代與交通方式的影響程度，在2017年的調查裡似乎相對地較弱。由於本章所涉及的日常生活減碳行為在後來的年度未能納入調查，但我們已經發覺後來的年度裡，台灣民眾對為了環保而加稅或漲價的接受程度，有逐年提升的傾向，在隨後各章將會追蹤其他社會因素對民意變遷的影響。

　　本章的統計分析所展示的成果，從鉅觀層次化約為生態現代化理論與生產的苦力磨坊理論對立的討論，主要關心的議題是永續生產與消費的經濟行為、國家管制政策偏好，對於社會資本與階級等社會不平等這些社會機制的作用；但過去兩大陣營的討論往往過於簡化，也無法區分不同產業部門的生產方式與消費偏好的差異。在淨零排放成為國家政策重心的年代，我們必須更細緻地區分出民眾消費行為、交通運輸、能源部門與產業部門，在淨零排放政策推動過程中的社會與政治助力與阻力，在不同的減碳政策上，各種社會與政治因素可能會有矛盾的效果。接下來的兩章裡，我們將針對各個不同的減碳政策領域進行分析，包括交通部門、高耗能與能源部門的相關政策，並且凸顯比前述兩個巨型理論更為複雜的政策利益衝突。

第四章

台灣民眾的階級、交通不平等與減碳政策偏好 [1]

1　本章修訂自林宗弘、許耿銘、
蕭新煌，2023，〈台灣民眾的
交通不平等、交通生活方式與
減碳政策偏好〉，《都市與計
劃》50(4): 498-526。

一、前言

　　全球暖化所造成的氣候變遷已經成為重要的政治經濟問題，在造成溫室效應的主要產業裡，交通產業是能源產業之外最主要的碳排放來源；甚至有研究指出世界各國公路運輸排碳量持續增加（Anable et al. 2012），對人類永續發展構成重大威脅（Kamruzzaman et al. 2015）。隨著氣候變遷與空氣污染威脅日益嚴峻，學界關注如何建構環境友善的交通生活方式，同時因應氣候變遷導致交通風險擴大，應改善交通安全並鼓勵民眾使用大眾運輸系統（張瓊文等 2016: 251）。為面對氣候變遷對交通所造成的衝擊，國內外目前均積極地進行風險評估，加速擬訂相關調適計畫與策略，俾利提升鐵公路運輸系統的調適能力（李仕勤等 2018: 246），以及強化運輸路網服務水準（謝承憲、馮正民 2016: 248）。

　　然而，民眾是否能認同這些與交通產業有關的低碳政策？對減碳政策的民意態度恐怕相當複雜。例如 2018 年，法國政府為達成減碳目標推動能源稅，卻造成所謂黃衫軍的大規模群眾抗爭，這些抗爭者有不少來自運輸產業的底層勞動者，擔心減碳政策造成燃料支出負擔或失業。由此可見，民眾日常生活的交通方式選擇與交通成本，可能會影響其所負擔的減碳代價與意願，甚至組織起來反對政府推行的財經政策，以至於難以推動減碳改革（Lomborg 2020）。

　　為何有些民眾抗拒與交通有關的減碳政策？民眾的交通生活方式不僅關乎氣候變遷，更涉及不同社會經濟地位與移動能力之不平等，是社會科學重要的研究對象（Adey 2009）。根據國際相關研究發現，除了民眾個人因素與地區交通不平等之相關因素外，交通生活方式如擁有私家車是重要的變項，日常生活依賴開車者較不願支持投資公共建設軌道運輸，也會降低其友善環境態度或減碳政策偏好（例如 Noblet et al. 2014; Thøgersen 2018）。

　　不過，前述文獻的分析對台灣社會的民意調查結果來說，仍有些未竟之處。雖然歐美、澳洲等國研究證實交通生活方式影響友善環境態度，台灣與歐美各國不同之處，在於歐美城市的大眾交通系統相對便利，或許加上氣候較寒冷而極少仰賴機車,然而台灣卻常見將機車做為主要的交通生活方式。

針對台灣民眾的交通不平等或交通生活方式對減碳政策偏好的影響,本土實證研究極為少見。本書以本土民意調查來檢視影響節能減碳政策偏好的主要社會因素,本章不僅探討台灣交通不平等與交通生活方式,亦為學界少見分析機車做為一種主要交通生活方式對民眾減碳政策偏好的影響。

根據我們從 2017 年到 2022 年的研究調查,台灣民眾的主要交通生活方式區分為三類:(1) 機車,占受訪者的 53%;(2) 汽車,占受訪者的 26%,而且依賴汽車比例逐年上升;(3) 大眾交通工具、自行車或步行,可以包括在低碳的「綠色交通」概念下(交通部運輸研究所 2020),占 21%。值得注意的是在 2020 年到 2022 年的 COVID-19 疫情期間,使用大眾交通工具比例有所下降,部分民眾暫時改用汽車,但是疫情之後的高鐵、台鐵與捷運運量已經逐漸恢復。這三種交通生活方式的形成是城鄉差距、社會經濟地位等導致交通不平等的相關因素綜合影響下的結果。其次,受訪者所在的鄉鎮市區,若有捷運、台鐵、高鐵車站或較多公車運輸服務,就可顯著降低其使用機車與汽車的機率。第三,使用公共交通服務者最支持政府相關節能減碳政策、騎機車者則次之。由此可以推論,若能以公共交通服務減少民眾使用機車與汽車的機率,民眾應當比較容易支持減碳政策。

二、交通不平等與減碳政策偏好

近年來,社會學與運輸研究有跨學門合作與交流的趨勢,開始探討交通不平等(Banister 2018)、交通貧窮或交通的社會排除(Lucas 2012),衍生出交通的生活方式(transport-related lifestyles)等概念。交通不平等是影響人們移動能力與意願的重要因素(Organization for Economic Cooperation and Development 2017),衍生出交通社會排除(Yigitcanlar et al. 2019),其成因相當複雜(Xia et al. 2016),交通不平等的社會後果,已成為城市規劃與發展的重大政策挑戰之一(Currie et al. 2010; Piracha et al. 2014; Duvarci et al. 2015)。

　　本研究以交通不平等來描述民眾交通資源與消費分配不均的現實。在交通不平等的相關文獻裡，廣泛的社會經濟不平等經常是影響交通資源分配的主要因素（Banister 2018），以英國前 5% 最有錢的人與最後 5% 最窮的人來進行比較，研究顯示有錢人每年平均開車 550 趟並且使用 7,230 英里，窮人則是 200 趟與 1,500 英里；有錢人走路去目標 200 次，窮人則達到 300 次；有錢人每年搭 31 趟公車，窮人則達到 113 趟。由於捷運集中在富裕的大城市，特別是有高速鐵路經過的地區，有錢人更常使用軌道運輸，更嚴重的是，研究發現過去三十年間交通不平等持續擴大（Banister 2018）。低收入群體雖然對於交通、能源、消費商品和服務的需求，較以往大幅度地增加，但最富裕家庭和最貧困家庭之間，在消費水平與相關碳排放量方面，仍存在著極大的落差（Grottera et al. 2020）。

（一）交通不平等

　　運輸學者如 Lucas 等人（2016）回顧交通不平等概念的含意，認為有三類主要因素──(1) 個人易行性（mobility），其困難包括社會階級、高齡、身心障礙所造成的行動不便、以及缺乏無障礙設施所造成的移動限制等，但也涉及後面兩種因素；(2) 交通工具的可負擔性（affordability），民眾的社會經濟地位會影響其負擔交通工具所有權與使用成本的能力，例如對於低收入家庭來說，購買汽車或遠距交通費用太高的話，會影響其移動的能力與意願；與 (3) 交通工具或公共服務可及性（accessibility），雖然可及性也與私人運具有關，但多半受到公共交通系統的投資影響，政府不願投資偏鄉的大眾運輸、或其運輸成本過高，常導致交通可及性的城鄉差距。前三種交通不平等因素缺乏之一者或可稱為交通弱勢，因此交通弱勢概念範圍相對寬鬆（Currie et al. 2010），當三者皆欠缺時會疊合成交通貧困，更可能導致交通社會排除（Lucas et al. 2012）。文獻指出交通不平等與社會排除概念相當寬泛（Cass et al. 2005），現有文獻使用的測量指標也不太一致，包含民眾通勤的距離與時間、旅遊的頻率與距離等。

　　民眾的社會經濟條件與階級位置影響其交通可負擔性，例如歐美國家研究注意到中下階級、有色族群的汽車可負擔性不足或貧困社區交通可及性不足導致交通不平等（Banister 2018），然而，僅有少數學者留意到可負擔性與機車所有權之間的關係（Ubaidillah 2019）。例如 Herwangi 等人（2017）針對印尼雅加達大都會區的研究顯示，由於印尼大眾交通服務的短缺，以及城市的大量貧困人口無法負擔購車成本的情況下，廉價的機車是農工階級最務實的選擇，形成依賴機車的交通方式。在台灣有關交通偏好與運具使用的研究上，有學者注意到台灣的機車高占有率與其對汽車所有權的替代效果（Tuan 2011）。然而，僅有極少數研究涉及社會經濟地位與交通工具可負擔性的議題（周榮昌等 2008）。

有些研究者探索台灣交通可及性與三種交通方式之相關議題，如陳勁甫等留意到台灣民眾主要交通方式分為機車、汽車、大眾交通工具三大類，又以機車為最主要交通方式，在台灣空間規劃與城市發展的脈絡裡，這三大交通方式會顯著影響台灣民眾租屋與求職的可及性（Chen and Lai 2011），此外，許添本等人以縣市層級資料進行研究，發現台灣的汽車所有權與當地所得正相關、機車成長則與公共交通可及性有顯著的負相關（Hsu et al. 2007）。亦有研究指出台灣過去公共交通服務主要依賴公車（Yu 2008: 576），最近由於軌道運輸成長快速，軌道運具使用次數以及旅次市占率持續攀升，根據交通部 2020 年民眾日常使用運具狀況調查結果顯示，關於運具次數之各運具市占率統計，2020 年受疫情影響，公共運輸使用率下滑，尤其汽車客運受到更大的衝擊，使得軌道運輸與公車運輸的運具次數差距縮小到一個百分點（交通部 2021: 5），此趨勢是否持續有待觀察。

然而，在台灣中下階級較難負擔汽車的交通成本、與公共交通服務可及性仍有不足的情況下，購買與使用機車是務實的選擇。依據前述文獻，我們認為台灣的交通不平等使農工階級比較傾向購買機車、選擇機車做為主要的交通生活方式，而台灣社會以機車為主的交通生活方式，是國際相關研究文獻——特別是在美國或歐洲國家的數據裡，幾乎完全被忽略的一項特殊社會學因素。

（二）交通生活方式

隨著交通不平等相關概念擴展，學界開始探討其與交通生活方式的關聯（Stanley and Vella-Brodrick 2009）。對民眾而言，交通不平等導致民眾的就業與生活空間受到侷限，從而限制他們消費的能力與機會（Stanley and Stanley 2004）。有不少研究發現交通可及性差、交通成本高、交通不安全、收入相對較低者的旅遊頻率與品質偏低、顯示交通社會排除也影響休閒、娛樂等文化活動（Stanley and Vella-Brodrick 2009; Hine and Mitchell 2003）。此外有研究發現交通變項或非交通變項，例如收入、性別、居住的地理位置等，對於民眾的生活方式、旅遊頻率與品質發揮重要的影響，無法參與旅遊活動也被視為一種交通社會排除（Cass et al. 2005）。然而，這些文獻未必使用交通生活方式的概念。

　　交通不平等與交通生活方式息息相關但仍有不同，根據社會學的階層化理論，職業生產關係導致階級不平等，消費不平等則定義了生活方式，兩者合起來影響人們的生活機會（Life Chances），而階級不平等與消費不平等具有高度關聯性，但非決定性之關係（Giddens 1991; Kerbo 2006）。交通不平等如階級與公共交通服務不足導致的交通方式差異，只能部分解釋交通生活方式。首先，生涯（Life-Cycle）造成的交通方式變化，無法仰賴生產關係之不平等詮釋，例如年輕人基於同儕壓力或社交需求購買機車，家中有嬰幼兒的家庭偏好使用汽車代步，待到年長之後又回到使用大眾交通工具，跟社會經濟地位的關聯較弱。其次，休閒與消費品味導致交通生活方式的差異，例如馬拉松跑者（徒步）、鐵道控、自行車迷或重型機車族等同好組成民間社團，塑造自身文化品味與生活意義（Bourdieu 1984），這些群體通常收入甚高而與交通工具可負擔性無關。此外人們也可能為了健康與環保理由而改變交通生活方式（Noblet et al. 2014）。階級或所得等交通不平等的成因，雖然與交通生活方式有關聯性、但非單一決定性因素。當然，交通生活方式的歷史成因多元且複雜，和交通發展的歷史與產業利益、國家或地方政治情況、城市規劃如土地使用模式等皆有關係（Özkazanç and Özdemir Sönmez 2017）。因此，我們將台灣民眾的交通生活方式視為交通不平等、日常生活習慣（Habitus）與文化品味塑造等因素導致的綜合結果（Thøgersen 2018）。

　　區分交通不平等與交通生活方式的意義重大。公共政策可以較快改善交通不平等，卻通常只能逐漸影響交通生活方式。研究指出，政府提供適度的公共運輸服務改善交通可及性之後，民眾才會產生搭乘需求並改變偏好（Chen et al. 2011）。然而，民眾交通偏好與行為的調整無法立竿見影，例如政府改善服務與提供誘因，民眾才會由過去習慣使用私人汽、機車的便利行為，改為定點等待公共運具的固定路線接送（Scheepers et al. 2014）。亦即，交通生活方式改變需仰賴長期調整（Hiselius and Rosqvist 2016; Van Acker et al. 2013）。

具體來說，歐美各國主要交通生活方式的競爭，出現在以汽車為主的私人運具、與公共運輸或「綠色交通」之間。歐洲城市早已建立廣泛軌道系統，例如：地鐵、區域鐵路、有軌電車、以及無軌電車以提高公共交通的可及性，降低對於汽車的依賴程度，並協助改善環境條件（Gospodini 2005: 1083）。針對東京的歷史研究顯示，許多商人與學生透過搭乘火車或電車前往市中心的辦公室和學校，增加與他人互動和學習的機會（Freeman 2002: 34）。自 1952 年起，巴西許多城鎮如庫里蒂巴市，每當公車系統出現飽和跡象時，政府部門經常興建鐵路做為解決方案（Duarte et al. 2011: 97）。除了由國家或市場提供誘因以外，交通生活方式的改變往往涉及社會價值變遷，例如，活力交通（Active Transportation）係指人力為主的交通生活方式，研究指出成年人日常有活力交通習慣能促進身體健康、降低死亡風險（Andersen et al. 2000），活力交通的效益也包含降低碳排量、緩解交通堵塞。因此，國內外交通政策常鼓勵民眾以步行或騎自行車取代原本習慣使用的私人運具（Ogilvie et al. 2004），或是推廣生態交通概念（宋威穎等 2017），民眾選擇使用公共運輸系統（如捷運、公共汽車、輕軌）、電動車輛、汽車共乘、或是騎乘自行車和步行等活力交通，均可被視為是「綠色交通」的範圍（高雄市政府交通局 2017）。歐美各國意識到交通不平等與調適政策的關係，如英國近期兩項重要交通策略即以減少交通社會排除與減少溫室氣體排放為目標（Kamruzzaman et al. 2015: 3463-3467; Bauchinger et al. 2021: 1; Hulkkonen et al. 2020: 2-17）。事實上，這些改變交通生活方式的政策推廣，均非一蹴可及。

多數歐美國家面臨發展汽車產業與公共運輸的兩難問題，台灣民眾則多了機車這個主要的交通生活方式。台灣的交通不平等會影響民眾可選擇的交通生活方式與成本，透過兩組因素，第一是社會經濟條件與階級不平等造成可負擔性不同與汽、機車之間的選擇，第二是交通公共服務的可及性，亦即大眾交通工具的普及度、效率與不均程度，塑造民眾選擇大眾交通工具做為主要交通生活方式的機率與成本，可能導致以機車為主的交通生活方式。當然，民眾同時也可能因為生涯、品味或價值觀，選擇了這種交通工具所界定的交通範圍與生活方式，這可能影響其交通成本，與其面對政府減碳政策時的偏好。

（三）減碳政策偏好

在環保有關的社會科學研究中，測量過許多友善環境態度、友善環境行為與友善環境的公共政策偏好，近來部分研究發現受訪民眾的某些特質，例如：年齡、社會經濟條件（教育與收入）、階級位置、環境知識、價值觀、家庭人口結構、人際信任等，影響其環境態度、行為以及政策立場（Blake 2001; Hines et al. 1987; Hungerford and Volk 1990; Kollmuss and Agyeman 2002; Poortinga et al. 2004; Schultz 2001; Fairbrother et al. 2019），個體低碳行為對於減少碳排放量與改善環境生態健康具有重要的作用，而民眾的性別、收入、教育程度等因素皆有影響（Chen and Li 2019）。研究結果發現家庭收入提高會增加碳足跡（Carbon Footprint）（Mwambeni 2016），由於家庭收入顯著影響交通方式的選擇，亦有國際文獻討論交通生活方式與環境議題之間的關係，發現與大眾運輸使用者比較，汽車所有權人或使用者較不偏好低碳交通政策、或一般加稅、漲價之低碳政策（Beirão and Cabral 2007; Thøgersen 2018）。

提高物價與稅費的減碳政策雖然可能達到環境目標，卻容易導致社會抗爭與政治衝突。例如，法國黃背心抗爭迫使政府放棄調漲柴油稅（Douenne 2020）。此外，歐美綠能發電的電價較貴，對於低收入群體衝擊更大（Van den Bergh et al. 2020）。在澳洲，低收入家庭的暖氣供應與電力支出比例，容易受到能源價格上漲與財務壓力的影響，能源稅亦對於低收入家庭造成更大的負擔（West 2005）。然而，在此轉型過程中必須關注其對弱勢群體能源和運輸服務可負擔性和可及性的影響（Lucas and Pangbourne 2014; Maestre-Andrés et al. 2019）。因此，發達國家開始關注氣候政策的分配效果，倘若相關政策能夠改善分配不平等，例如協助弱勢住戶的補貼或減少能源支出（Willand and Horne 2018），民眾對於該項政策的接受度則會較高（Owen and Barrett 2020）。

在台灣，少數研究開始分析環境態度與交通行為的互動，例如吳健生等（2011）指出，環保態度與他人行為會影響駕駛人紅燈怠速熄火之意願。此外，徐美苓、施琮仁（2015）發現愈瞭解氣候變遷成因的民眾，愈支持政府徵收能源稅及發展低耗能汽車。台灣民眾以機車為主要交通生活方式者過半，然而就我們所知，台灣或國際文獻似乎尚未探討過使用機車對減碳政策偏好的影響。

跟隨前一章，在歐洲社會調查的跨國研究裡，學者普遍使用的問題是「請問您願不願意配合加（燃料）稅（提高物價）來節能減碳以保護環境？」（Fairbrother et al. 2019），我們依據前述跨國研究相同的設計，在台灣採用此一加稅或加價的問卷題目，也得到顯著的研究結果，以下報告之。

三、研究設計與資料來源

（一）研究架構

在國際研究文獻裡，交通不平等日益引起學界的研究興趣。OECD（2017）國家的報告顯示，社會經濟不平等在美國、智利、印度與哥倫比亞等國都造成移動能力的差距，此外，對於低收入及弱勢族群而言，省錢、方便、住處與站點的距離，是影響其使用大眾運輸系統、或是選擇騎機車、甚至被迫花錢買車的主因。例如 Zuo 等人（2020）研究低收入和少數族群在公共交通的可及性和公平性，是否影響其使用大眾運輸等交通工具的機率。然而，台灣民眾社會經濟不平等對交通生活方式的影響研究極少（林宗弘等 2019）。根據國際文獻與國內少數研究成果的推論，我們的第一個假設是社會經濟條件與階級、公共交通可及性兩大因素影響交通生活方式，勞工階級與收入較低的民眾比較依賴大眾運輸、綠色交通或機車，而資方、中產階級與收入越高者則越常使用汽車。

減碳政策可能會增加燃油消費的稅賦負擔、或是提高水電與能源價格，透過交通生活方式轉嫁給使用者。有少數研究指出駕駛行為與環境態度之間的這個雙向互動，但很少受到關注（Flamm 2009），例如騎機車者會希望補貼電動機車價格。使用高成本交通方式的汽車駕駛人，往往承擔家庭與事業需要或必須照顧家庭與接送小孩上下學，而需要長期使用汽車，即使其具備環保態度，亦認為維持生活方式比環境友善更加重要（Nordbakke 2002），也很難改變交通生活方式，因此更排斥為了節能減碳而加稅或漲價；相反地，原來就已使用大眾交通工具或機車者，因為受油價或燃料稅等減碳政策影響其交通成本比例較小，更能接受節能減碳的大眾交通方式、接受加稅、漲價或補貼等政策。因此，我們的第二個假設是民眾交通生活方式的選擇，可能會影響其對於政府減碳政策的偏好。

　　社會經濟地位的可負擔性與公共交通可及性導致交通不平等與能源負擔能力的差異（Preston et al. 2013），而減碳政策通常會提高能源價格或交通相關稅賦（Mattioli et al. 2017）。由於交通運輸燃料對於高收入群體是必需品，但是對低收入群體則是奢侈品（Saelim 2019），我們的第三個假設是面對交通貧困與社會排除的弱勢群體，如中下階級、失業者、低收入家庭、高齡者和身心障礙者，會較不願意支持加稅或漲價等提高其生活開銷的政策。

（二）研究方法

　　如前幾章所述，「邁向深度低碳社會之環境意識調查」於 2017 年到 2022 年期間，在四波調查裡共獲得 3,596 個有效樣本，利用受訪者所在的受訪地點，結合該地的地理交通資訊，以估計該地的火車站、捷運站、公車站與公車路線等。受限於個人資料保護的研究倫理，受訪者所在區域僅有鄉鎮市區層級的代碼，據此計算該鄉鎮市區的總火車站數、捷運站數與公車站數乘以公車通過該站的路線數，做為公共交通服務可及性的指標。以下分別說明本章所使用的交通不平等與減碳政策偏好的變項。

1. 交通不平等

(1) 影響交通可負擔性的社會經濟條件與階級

　　　　以收入或教育程度為主的社會經濟條件、生產關係造成的階級位置，與交通成本等因素會影響個人交通生活方式，由於相關調查對於交通成本的估算較不精確，本文以影響交通可負擔性的社會經濟條件與階級，來替代對可負擔性本身的衡量。階級與職業收入對就業者造成交通可負擔性的差異。例如，自營作業者如農民與小販可能更依賴機車做為經濟實惠的交通工具；交通運輸產業受雇者——職業駕駛人雖然必須使用高成本的車輛，也可能有更高的職業風險；低收入者更不可能買汽車，非勞動力如兒童或年長者更仰賴步行或公共交通工具。

本研究參考由 Wright（1985）所發展出來的新馬克思主義階級分析法（Neo-Marxist Class Analysis），可依據資本所有權、管理權威與技術能力這三個向度，將階級位置分為六到十二類，曾經在台灣階級結構的分析中被多次引用過（許嘉猷編 1994；林宗弘 2009）。為求分析簡化，本研究將台灣民眾的階級位置分為雇主（4%）、自營作業者（含農民）（7%）、新中產階級（33%）、非技術工人（24%）、失業者（4%）與非勞動力（28%）等六大類，而「新中產階級」專指受雇者當中擁有管理權威與技術者，具體而言是屬於國際標準職業分類（International Standard Classification of Occupations, ISCO）第三大類之前的技術勞工與管理者，其劃分方式與比例符合行政院主計總處（2017）最近的調查結果。

除了階級之外，教育與所得是最常拿來衡量社會經濟地位的變量。教育程度測量人力資本的影響，本研究樣本的平均教育年數為十三年，約高中畢業水準，每月所得平均為三萬八千元左右，由於收入為右偏分布，後續的分析中將其取對數。收入是影響交通不平等的原因之一，歐洲研究發現低收入家庭通常較難擁有私人運具，因此更依賴公車（Social Exclusion Unit 2003: 22-23）。

(2) 公共交通可及性

除了民眾社會經濟條件與階級位置導致交通可負擔性不同之外，交通不平等往往來自交通建設公共投資不均所造成的可及性差異。台灣相對於歐美先進國家，車禍死傷比率偏高（World Health Organization 2015），2019 年機車交通事故死亡人數占整體 30.88%（內政部警政署 2020），為各類車輛中最高，而偏鄉地區民眾選擇高風險、低成本的機車做為交通生活方式，通常是公共交通可及性不足所導致的結果（林宗弘等 2021）。

　　以下的統計分析裡，我們引進受訪者居住所在地的地理資訊，使用三個變項來測量公共交通可及性，第一個是受訪者所在的鄉鎮市區是否有火車站，第二個是受訪者所在的鄉鎮市區是否有捷運站，第三個是該鄉鎮市區的公車站牌×路線數（Yu 2008）。由於鄉鎮市區的平均值約一千六百站，我們採用千為單位進行估計，以此來測量台灣民眾公共交通服務可及性、與其影響改變交通生活方式的機率。[2] 由於前述三種公共交通工具的性質不同，我們預期火車站、捷運站與公車站的效果也不同，火車站存在久遠且路線範圍與站點增長較少，無法壓抑該地區汽、機車的成長，而捷運與公車站點增加則較可能改善台灣公共交通服務的可及性。

2. 交通生活方式

　　我們參考歐洲相關研究的類似作法，依據受訪者主觀判斷其主要交通工具，將台灣民眾主要採行的交通生活方式簡化分為三類，第一類是機車，第二類是汽車，第三類控制組是步行、自行車與公共運輸等「綠色交通」。交通生活方式可能受到文化品味或生活習慣影響，例如家庭生涯階段的需求，已婚家庭有小孩是導致家長選擇買車的重要因素，而且生涯與交通工具選擇的關係可能是非線性的，年輕時負擔能力不足，中壯年更傾向買汽車，高齡開車風險較高則減少開車頻率，可能使開車機率與年齡的關係成倒 U 形，因此我們加入年齡與年齡的二次項來估計生涯對使用汽、機車的非線性影響。本研究隨後將以多元分類邏輯迴歸（Multinomial Logistic Regression，或簡稱 MNL）來分析民眾選擇三類交通生活方式的原因。

2　此處「受訪者所在的鄉鎮市區是否有交通站點」之相關問題，確實可能會有受訪者所在之行政區並無交通站點，但鄰近行政區卻有其可及性較高的交通站點。惟因問卷調查之匿名性與可行性，暫無可能探詢該受訪者居住之真正地址，僅能依其所提供之居住鄉鎮市區進行分析。

3. 減碳政策偏好

　　本研究的主要依變項是對減碳政策的偏好，雖然政府推行節能減碳的相關政策，例如政府補貼（補貼電動車與節能家電）與直接管制（強制汰換二行程機車和老舊大卡車），但由於考量問卷調查對象的普遍性（受訪民眾未必有購買電動車或節能家電的需求，也未必皆擁有二行程機車、老舊大卡車），因此本研究選定與一般民眾較為直接相關的政策：加稅與漲價。為了測量受訪者願意直接承擔減碳政策的環境成本，本研究使用國際社會調查計畫跨國研究（International Social Survey Program, ISSP〔2019〕）的環境組題目「請問您願不願意配合加稅來節能減碳以保護台灣環境？」以及「請問您願不願意配合漲價來節能減碳以保護台灣環境？」當受訪者有疑義時，訪員提示加稅是指「燃料稅」，漲價是指「一般物價」。在後續的模型分析中，我們將會放入年分的虛擬變項，藉此控制不同年度的民眾對於減碳政策偏好的整體變化，數據整體顯示過去五年開車的比例持續上升、步行者減少。如第二章與第三章所述，在 2017 年到 2022 年間台灣民眾為了節能減碳加稅、漲價的意願有顯著增加，此後便不贅述。

　　除此之外，本章特別針對「是否支持政府補助購買電動機車」與「是否願意以步行或騎自行車來替代開汽、機車」進行統計分析，這是我們針對台灣政策獨創的題目，涉及民眾對綠色交通補貼政策的偏好、與日常交通生活方式改變的意願，分析結果或許更適合關心相關政策的台灣讀者參考。

4. 控制變項

　　最後，本章亦試圖釐清受訪者之性別、年齡、家庭因素等基本特徵對交通生活方式與減碳政策偏好的影響。雖然女性因車禍死亡率遠低於男性，在傳統父權社會裡，女性往往由於職業區隔或家庭分工等各種因素影響而欠缺駕駛技術能力、或者因為薪資較低而無法購買汽、機車，加上女性平均餘命較長而導致行動不便或無法駕車，然而，女性也可能負擔家計支出而對於減碳政策的成本更為敏感。此外，年齡、婚姻與是否有小孩等生命歷程因素也是民眾選擇交通工具的考量之一，例如：年輕族群在經濟能力受限之下，可能以機車為主要交通工具；高年齡族群則因身體能力下滑，傾向步行或公共運輸，針對家中有小孩的受訪者則偏好私人運具以因應兒童需求。以上種種機制顯示，性別、年齡、婚姻與育兒也可能是影響交通生活方式與減碳政策偏好的因素之一，故列入控制變量。

四、台灣交通生活方式與減碳政策偏好的統計分析

（一）交通不平等與交通生活方式

首先，本章將呈現導致台灣民眾的交通不平等如何影響他們採取三種交通生活方式。如前所述，除了個人行動能力、文化品味與家庭需要以外，交通不平等當中與可負擔性有關的社會經濟地位與公共交通可及性是影響交通生活方式選擇的重要因素。本研究藉由以下變項來測量交通生活方式——主要分為「綠色交通」、機車與汽車等三類，迴歸係數正相關表示與交通不平等有關的自變量導致該類交通生活方式的發生率上升、負相關表示該自變量使該類交通生活方式的發生率下降（請參見表4-1）。

使用 Multinomial Logistic Regression（MNL）模型所呈現的是相對於「綠色交通」這一組，與可負擔性有關的階級或社會經濟條件、與公共交通可及性變量，對其選擇騎機車與開汽車發生率的影響。

研究發現，每月所得對數與教育年數較高者，騎機車的機會較低（相比步行或公共運輸組），階級差異也會影響交通生活方式，與對照組（綠色交通）相比，開汽車的勝算比之順序為雇主、自營作業者、新中產階級、與非技術工人，非技術工人更可能騎機車，大致證實階級與教育、收入等與可負擔性有關之社會經濟因素影響其交通生活方式的選擇。

在公共交通弱勢的三個變項方面，本文預期近年來火車路線與站點變化不大，無法壓抑使用汽、機車發生率，而捷運與公車路線站牌數會減少騎機車或開車的機率。大致如前述預期，居住地區有捷運站與公車站牌×路線數較多的民眾，騎乘機車或開汽車的機率都會顯著下降，居住鄉鎮市區有火車站者，對騎乘汽、機車的影響反而是正相關，這可能是由於火車站存在已久，民眾仍然依賴購買與使用汽、機車來滿足人口與交通成長的通勤需求。反之，受訪者所在的鄉鎮市區，若有捷運站或較多公車服務，可以顯著減少其對於機車與汽車的使用。

表 4-1 影響交通生活方式的多元分類邏輯迴歸模型，2017-2022

	MNL 模型 交通生活方式 （以公共運輸為對照組）		
	步行	機車	汽車
影響交通可負擔性的社會經濟地位			
階級			
（以非勞動力為對照組）			
雇主	0.36	1.11*	1.68***
	(0.61)	(0.47)	(0.46)
受雇於公部門	-0.81	0.44	0.40
	(0.43)	(0.24)	(0.27)
新中產階級	-1.71***	0.12	0.39
	(0.36)	(0.18)	(0.20)
非技術工人	-0.73*	0.36*	0.29
	(0.30)	(0.18)	(0.21)
自營作業者	-0.35	0.51	0.67*
	(0.43)	(0.28)	(0.30)
失業	-0.44	-0.08	-0.00
	(0.48)	(0.28)	(0.36)
教育年數	-0.09**	-0.11***	0.01
	(0.03)	(0.02)	(0.03)
個人月所得	0.00	-0.00***	0.00
	(0.00)	(0.00)	(0.00)
公共交通可及性			
居住地有火車站	0.00	0.41***	0.31*
	(0.19)	(0.12)	(0.13)
居住地有捷運站	-0.90***	-1.50***	-1.67***
	(0.20)	(0.12)	(0.14)
居住地的公車站牌×路線數（千）	-0.00*	-0.00***	-0.00***
	(0.00)	(0.00)	(0.00)
控制變項			
女性	-0.43*	-1.22***	-1.37***
	(0.20)	(0.12)	(0.14)
年齡	0.11**	0.15***	0.21***
	(0.04)	(0.02)	(0.03)
年齡平方項	-0.00**	-0.00***	-0.00***

表 4-1　影響交通生活方式的多元分類邏輯迴歸模型，2017-2022（續）

	MNL 模型 交通生活方式（以公共運輸為對照組）		
	步行	機車	汽車
	(0.00)	(0.00)	(0.00)
已婚	0.08	0.58***	0.96***
	(0.24)	(0.14)	(0.16)
高耗能產業	0.85*	0.43	0.32
	(0.36)	(0.24)	(0.25)
曾是環保團體成員或參加過反核活動	0.42	-0.02	-0.14
	(0.22)	(0.15)	(0.17)
產業過度使用石油或煤礦是造成氣候暖化的主因	-0.02	-0.01	0.00
	(0.07)	(0.04)	(0.05)
全球暖化會對台灣造成災難性影響	-0.09	0.01	-0.07
	(0.09)	(0.06)	(0.07)
因為新聞媒體宣傳而減少二氧化碳排放	0.02	0.06	0.07
	(0.07)	(0.04)	(0.05)
泛綠	-0.36	0.23	0.01
	(0.22)	(0.13)	(0.15)
泛藍	-0.48*	0.04	0.17
	(0.24)	(0.15)	(0.16)
年份	-0.20***	0.04	0.08*
	(0.05)	(0.03)	(0.03)
常數項	398.20***	-82.34	-173.02*
	(99.68)	(59.81)	(67.62)
N	3586		
Log likelihood	-3390.69		
Chi^2	1255.82		
AIC	6925.38		
BIC	7370.68		

註：括弧內為標準誤，*p<.05 **p<.01 ***p<.001。
資料來源：本研究

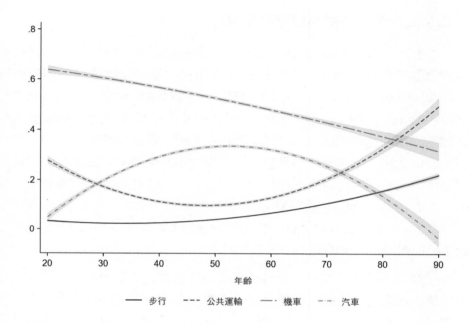

▲圖 4-1　以 MNL 模型（1）估計年齡對四種交通生活方式之影響

資料來源：本研究

　　除了社會經濟地位外，家庭或生涯狀態等控制變量對騎乘機車與使用汽車的發生率有影響：首先，女性較不容易騎乘機車、更不容易駕駛或使用汽車，家中有小孩則會增加使用私人運具的機率。其次，我們透過分群的機率圖呈現出不同年齡的交通工具選擇差異（請參見圖 4-1）。其中，綠色交通方式的年齡分布呈現 J 型，機車則是青壯年為主要使用者，到退休年齡之後發生率下滑，採用汽車者其分布較接近倒 U 型，50 歲左右的受訪者使用汽車的機率最高，這可能反映該年齡階段的經濟水準以及家庭結構需求。大抵而言，年齡對三種交通生活方式的影響與家庭狀態、生命歷程有關，雖非本文關鍵變量，其互動值得未來進一步研究。

　　最後，時期的效果較為悲觀，在這五年中，或許由於疫情的影響，即使控制其他變量，受訪者搭乘大眾交通工具與走路的勝算比持續減少、開車的勝算比卻持續增加，交通減碳的政策似乎尚未影響這些趨勢。

（二）交通生活方式與減碳政策偏好

本書以下列兩題呈現民眾的減碳政策偏好：是否願意加稅、是否願意漲價等來達成節能減碳，本研究採用加稅或漲價程度的次序邏輯迴歸（Ordered Logit Regression，本研究以下簡稱 OLR）模型估計結果來進行推論（Agresti 2002），請讀者參考表 4-2。OLR 模型 (1) 與模型 (2) 依變量為願意漲價的程度；OLR 模型 (3) 與模型 (4) 依變量為願意加稅的程度。在迴歸係數裡，正向顯著結果表示該自變項加強前述減碳政策偏好、負向則相反。為了探討交通不平等相關因素是否透過交通生活方式導致中介效果，我們在模型 (1) 與模型 (3) 並未放入交通生活方式，在模型 (2) 與模型 (4) 才加入交通生活方式，以下主要討論模型 (2) 與模型 (4) 的完整結果，最後再回顧中介分析的效果（請參見表 4-3）。

在 OLR 模型 (2) 當中，以機車為交通生活方式者反對漲價，使用汽車者比使用機車者更顯著地不願意接受漲價。在 OLR 模型 (4) 當中，交通生活方式並不影響受訪者對加稅的態度。值得注意的是，相對於其他變量的效果不佳，使用私人運具特別是汽車，是導致民眾不願意漲價的最主要因素之一。從漲價的效果來說，部分證實了 H2，即交通生活方式影響減碳政策偏好。

（三）交通不平等與減碳政策偏好

分析 OLR 模型 (2) 的結果顯示，與前一章的生態現代化或後物質主義理論的觀點相同，教育程度與所得越高者，越願意接受漲價的減碳政策。失業者與新中產階級顯著地不願接受漲價的減碳政策。

此處值得注意的是，在階級與教育等影響可負擔性的社會經濟因素、公共交通可及性等影響交通生活方式的 MNL 模型變量裡，在 OLR 模型中，只有教育是顯著且方向相反，也就是高教育程度者比較傾向買汽車，但是又比較願意接受加稅與漲價，這可能反映高教育者交通需求與環保理念的矛盾。

在 OLR 模型 (3) 的迴歸結果當中，除了高教育與高所得者願意接受加稅、失業者特別反對加稅之外，其他涉及交通不平等的社會經濟地位變項均不顯著；在 OLR 模型 (4) 當中，交通生活方式對於前述公共交通可及性與社會不平等變量的中介效果非常小,可以忽略。

前一章研究日常生活減碳行為的關鍵變量,包括氣候變遷的風險感知與公民社會參與的社會資本,即使加入交通生活方式,也通常會顯著影響民眾接受加稅或漲價的意願,例如在模型(2)顯示風險感知與社會資本對接受漲價與加稅都有顯著正向的影響。此外,下一章討論的政黨政治因素也值得注意,即泛綠民眾比較願意接受為了環保而加稅或漲價,泛藍民眾則特別反對漲價;對加稅的意見與中間選民對照組類似而不顯著。關於其它控制變量,從模型(1)到模型(2),女性較不願意接受漲價,模型(3)與模型(4)顯示已婚家庭較反對加稅政策。由於在本研究裡,此變量是控制變量,我們希望未來有機會再深入討論。最後是時期效果,相對於交通生活方式逐年偏向使用高碳排的汽車,受訪者在五年之中接受漲價與加稅的程度在逐年上升。

表 4-2 影響減碳政策偏好的次序邏輯迴歸模型,2017-2022

	願意漲價以節能減碳		願意加稅以節能減碳	
	(1) OLR	(2) OLR	(3) OLR	(4) OLR
交通生活方式(對照組公共運輸)				
步行		-0.23		0.02
		(0.17)		(0.17)
機車		-0.29**		-0.06
		(0.10)		(0.10)
汽車		-0.32**		-0.19
		(0.11)		(0.11)
影響交通可負擔性的社會經濟地位				
階級(以非勞動力為對照組)				
雇主	-0.37*	-0.34	-0.17	-0.15
	(0.18)	(0.18)	(0.18)	(0.18)
受雇於公部門	-0.14	-0.13	-0.06	-0.05
	(0.14)	(0.14)	(0.14)	(0.14)
新中產階級	-0.24*	-0.24*	-0.15	-0.14
	(0.11)	(0.11)	(0.11)	(0.11)
非技術工人	-0.21*	-0.20	-0.21	-0.20
	(0.11)	(0.11)	(0.11)	(0.11)

表 4-2　影響減碳政策偏好的次序邏輯迴歸模型，2017-2022（續）

	願意漲價以節能減碳		願意加稅以節能減碳	
	(1) OLR	(2) OLR	(3) OLR	(4) OLR
自營作業者	-0.15	-0.14	-0.06	-0.05
	(0.14)	(0.14)	(0.14)	(0.14)
失業	-0.51**	-0.50**	-0.31	-0.30
	(0.19)	(0.19)	(0.18)	(0.18)
教育年數	0.09***	0.08***	0.09***	0.09***
	(0.01)	(0.01)	(0.01)	(0.01)
個人月所得	0.00***	0.00***	0.00***	0.00***
	(0.00)	(0.00)	(0.00)	(0.00)
公共交通可及性				
居住地有火車站	0.01	0.02	0.07	0.07
	(0.07)	(0.07)	(0.06)	(0.06)
居住地有捷運站	-0.07	-0.13	0.11	0.09
	(0.07)	(0.08)	(0.07)	(0.08)
居住地的公車站牌×路線數（千）	0.00	0.00	0.00	0.00
	(0.00)	(0.00)	(0.00)	(0.00)
控制變項				
女性	-0.15*	-0.19**	-0.00	-0.02
	(0.07)	(0.07)	(0.07)	(0.07)
年齡	0.00	0.01	-0.02	-0.02
	(0.01)	(0.01)	(0.01)	(0.01)
年齡平方項	0.00	0.00	0.00**	0.00*
	(0.00)	(0.00)	(0.00)	(0.00)
已婚	-0.07	-0.05	-0.23**	-0.21*
	(0.08)	(0.08)	(0.08)	(0.08)
高耗能產業	0.00	0.01	0.14	0.14
	(0.12)	(0.12)	(0.12)	(0.12)
曾是環保團體成員或參加過反核活動	0.32***	0.32***	0.21*	0.21*
	(0.09)	(0.09)	(0.09)	(0.09)
產業過度使用石油或煤礦是造成氣候暖化的主因	0.07**	0.07**	0.03	0.03
	(0.03)	(0.03)	(0.03)	(0.03)

表 4-2　影響減碳政策偏好的次序邏輯迴歸模型，2017-2022（續）

	願意漲價以節能減碳		願意加稅以節能減碳	
	(1) OLR	(2) OLR	(3) OLR	(4) OLR
全球暖化會對台灣造成災難性影響	0.15***	0.15***	0.20***	0.20***
	(0.03)	(0.03)	(0.03)	(0.03)
因為新聞媒體宣傳而減少二氧化碳排放	0.09***	0.09***	0.12***	0.12***
	(0.03)	(0.03)	(0.02)	(0.02)
泛綠	0.31***	0.31***	0.32***	0.32***
	(0.08)	(0.08)	(0.08)	(0.08)
泛藍	-0.28**	-0.28**	-0.04	-0.04
	(0.09)	(0.09)	(0.09)	(0.09)
年份	0.18***	0.18***	0.13***	0.13***
	(0.02)	(0.02)	(0.02)	(0.02)
Cut1	365.95***	369.42***	256.20***	260.71***
	(36.57)	(36.75)	(35.77)	(35.97)
Cut2	368.05***	371.53***	257.99***	262.50***
	(36.58)	(36.75)	(35.78)	(35.97)
N	3586	3586	3586	3586
Log likelihood	-3556.25	-3551.49	-3689.58	-3687.43
Chi^2	326.44	335.95	301.59	305.90
AIC	7162.49	7158.98	7429.17	7430.86
BIC	7317.11	7332.15	7583.79	7604.03

註：括弧內為標準誤，*p<.05 **p<.01 ***p<.001。

資料來源：本研究

表 4-3　是否支持電動機車補助與以走路自行車取代騎乘車輛，2017-2022

	支持政府補助買電動機車		以走路自行車取代騎機車開車	
	Coef.	s.e.	Coef.	s.e.
階級 Ref: 非勞動力				
雇主	0.03	(0.10)	-0.49***	(0.14)
受雇於公部門	0.06	(0.08)	-0.43***	(0.12)
新中產階級	0.02	(0.06)	-0.28**	(0.09)
非技術工人	0.08	(0.06)	-0.14	(0.09)

表 4-3　是否支持電動機車補助與以走路自行車取代騎乘車輛，2017-2022（續）

	支持政府補助買電動機車		以走路自行車取代騎機車開車	
	Coef.	s.e.	Coef.	s.e.
自營作業者	0.02	(0.08)	-0.19	(0.12)
失業	-0.09	(0.10)	-0.13	(0.14)
教育年數	-0.00	(0.01)	0.02	(0.01)
每月平均所得	-0.00	(0.00)	-0.00	(0.00)
居住地有火車站	0.05	(0.04)	-0.07	(0.05)
居住地有捷運站	0.03	(0.04)	0.22***	(0.06)
居住地的公車站牌×路線數（千）	0.00	(0.00)	0.00	(0.00)
女性	-0.04	(0.04)	0.23***	(0.05)
年齡	-0.01	(0.01)	-0.01	(0.01)
年齡平方項	0.00	(0.00)	0.00	(0.00)
已婚	0.04	(0.05)	-0.01	(0.07)
高耗能產業	0.02	(0.07)	-0.00	(0.08)
曾是環保團體成員或參加過反核活動	0.05	(0.05)	0.32***	(0.07)
產業過度使用石油或煤礦是造成氣候暖化的主因	0.08***	(0.02)	-0.02	(0.02)
全球暖化會對台灣造成災難性影響	0.12***	(0.02)	0.04	(0.03)
因為新聞媒體宣傳而減少二氧化碳排放	0.16***	(0.01)	-0.01	(0.02)
泛綠	0.19***	(0.04)	-0.05	(0.06)
泛藍	-0.02	(0.05)	-0.13	(0.07)
年份 Ref: 2017				
2019	0.03	(0.06)	-0.02	(0.07)
2021	0.22***	(0.06)	0.00	(.)
2022	0.07	(0.05)	0.00	(.)
常數項	3.02***	(0.25)	2.54***	(0.36)
N	3586		1857	
R2	0.08		0.10	
Adjusted R2	0.07		0.08	
Log likelihood	-5390.60		-2787.95	
AIC	10833.20		5623.90	

表 4-3　是否支持電動機車補助與以走路自行車取代騎乘車輛，2017-2022（續）

	支持政府補助買電動機車		以走路自行車取代騎機車開車	
	Coef.	s.e.	Coef.	s.e.
BIC	10994.00		5756.54	

註：*p<.05 **p<.01 ***p<.001。
資料來源：本研究

　　除了為節能減碳而接受加稅或漲價的意願這兩個議題之外，本研究特別針對民眾是否支持政府推動的低碳交通政策進行分析，即「是否支持政府補助購買電動機車」與「是否願意以步行或騎自行車來替代開汽、機車」，以下兩個模型都是使用支持（=1）或不支持（=0）的邏輯迴歸分析；統計結果請參見表 4-3。在政府的機車電動化政策方面，只有兩個因素會影響統計結果：氣候變遷的風險感知較高與支持泛綠政黨，這兩個社會因素會使民眾支持政府補助電動機車。在以人本交通的走路與自行車替代騎乘汽、機車方面，這個變量測量的主要是改變日常交通生活方式的意願，結果顯示雇主、新中產階級與公部門受雇者最不願意改變交通生活方式，居住地公車越多、女性與環保組織以及運動參與者，較可能願意步行與改騎自行車，與第三章的分析大致相同，然而，結果顯示民眾住在有捷運站的地方，才能夠利用公共政策使其改為步行與騎自行車。

五、小結

　　近年來，運輸學界提出「永續移動典範（The Sustainable Mobility Paradigm）」（Banister 2008）的概念，在思考運輸政策時，綜合考慮氣候變遷、產業、人口與社會變遷所帶來的風險與挑戰。學界亦曾倡議「人本交通」，亦是以「人」為核心，達成永續移動典範之目標（許添本 2003）。台灣的交通運輸系統已有逐步改善，面對快速的社會變遷，運輸學界對跨領域的研究逐漸展現更開放包容的態度（交通部運輸研究所 2020）。本章透過五年來的電話調查，發現台灣民眾由於家庭生涯需求、交通可負擔性與公共交通可及性的交通不平等因素綜合影響之下，使其在綠色交通、機車與汽車等三大交通生活方式裡做選擇，其中又有半數以上民眾依賴機車。

使用汽、機車將會減少民眾同意為節能減碳實施漲價政策，然而我們發現使用機車者比開車者，可能較為不反對漲價政策。

囿於民眾個人的社會經濟條件、階級或家庭生涯狀態的改變，受到多種政治經濟因素的影響，遠超過交通政策決定的範圍，政府以交通政策與公共投資改善公共交通可及性，例如增加捷運與公車站點，可能會減少汽、機車的使用人數比例，是影響節能減碳態度與行為的有效關鍵策略之一。

（一）影響交通可負擔性的社會經濟條件與階級會左右交通生活方式的選擇。教育年限與所得偏低者，特別是工人階級的交通生活方式主要為騎乘機車。相對地，交通生活方式主要為使用汽車者，主要是雇主、新中產階級與自營作業者等相對優勢階級，其教育程度與平均年齡較機車族高。

（二）交通公共服務的可及性會影響交通生活方式的選擇：居住地區有捷運站、公車站牌×路線數多的民眾，使用私人運具的機率都會顯著下降。不過當地有火車站與騎機車之間是呈現正相關，卻不太影響民眾選擇自己開車的狀況。由此可知，若捷運與公車服務的可及性較高，可以降低民眾使用私人運具的機率。

（三）相對於加稅偏好沒有顯著受交通方式影響，交通生活方式為使用機車或汽車者較反對為了節能減碳而漲價，其中汽車族是最不願意接受漲價的群體。教育程度越高者，越願意接受政府推動加稅或漲價的節能減碳政策；相反地，失業者對於減碳政策都很不支持。

國際研究文獻認為政府投資綠色交通系統，引導民眾使用公共交通運具、步行、自行車等，減少使用私人運具，可能改善交通壅塞、空氣品質與公共健康，進而達到節能減碳的目標（Zhang and Witlox 2019: 11; Kamruzzaman et al. 2015: 3465）。例如，擴大捷運路線站點或補貼票價，可以有更強誘因改變汽、機車使用者的交通生活方式，選用綠色交通方式，以縮短運輸系統邁向淨零排放發展的過渡時期（Campaign for Better Transport 2020: 3）。我們發現，台灣民眾相當支持補貼電動機車，然而有捷運的鄉鎮市區才會願意接受活力交通。

台灣民眾對機車的高度依賴，部分起因於社會經濟條件與階級限制其交通可負擔性，部分由於公共交通可及性不足。對於大眾運輸服務可及性較低、且經濟能力不足的民眾而言，機車成本相對低廉，即使政府呼籲減少使用私人運具、或給予公共運輸補貼，大眾運輸不方便時，對民眾交通偏好的改變有限。由於民眾持續依賴機車，2003 年時機車即為交通事故傷亡車種之大宗，而自 2012 年起，機車交通事故傷亡事件數占整體件數突破 50%（內政部警政署 2019）。因此，以大眾運輸系統替代機車，減少城鄉差距，不僅符合永續移動典範的節能減碳目標，也可能減少車禍事故所造成的生命財產損失（林宗弘等 2021）。

台灣社會正面對擴大軌道系統或持續改善公路系統的爭議。軌道系統對於國家及城市的發展至關重要（Louf et al. 2014: e102007），研究顯示高鐵等軌道系統能明顯節省長距離運輸的時間與成本（Bunn and Zannin 2016: 16; Paganelli et al. 2019: 2878），也是減緩交通壅塞和污染的重要對策（Tiwari 2003: 448）。然而在台灣，公共交通系統過去較依賴公車服務（Yu 2008: 576），依據交通部施政績效報告書的資料顯示，近年偏鄉地區公路公共運輸空間服務涵蓋率擴張（蘇昭銘等 2015: 316），2018 年達到 78.08%（交通部 2019: 8），2019 年則已於尖石鄉等 43 個鄉鎮區擴大辦理幸福巴士計畫（DRTS），包含幸福小黃服務，協助偏鄉發展多元化與彈性之公共運輸模式（交通部 2020: 6）。

行政院所訂定「前瞻基礎建設計畫」希望打造下一個世代國家發展需要的基礎建設，其中「軌道建設」即是因應節能減碳、綠色交通趨勢，同時考量國內偏鄉交通不便、私人運具持有比例高、公共運輸量能提升已達瓶頸等課題，希望透過前瞻計畫予以改善（行政院 2019）。據此，2017 年《前瞻基礎建設特別條例》（簡稱《前瞻條例》）在黨派爭論下通過，原來軌道建設預定投入 4,241 億元，其中高雄捷運延伸環線 856 億元、桃園捷運綠線 247 億元、台中捷運藍線 118 億元（行政院 2017），三年後的 2020 年 9 月，國家發展委員會修正公布前瞻 2.0 建設計畫預算案裡，卻大幅調降軌道預算為 1,903 億，從 48% 降至 23%（國家發展委員會 2020），理由是軌道規劃與建設時期較長，路線與徵地等利益爭議較大，地方政府未必支持中央政府的建設規劃與預算分配，然而其投資報酬率和環境效益，在學術界和輿論引發大量的討論，後來軌道建設經費比例仍大幅下降。

　　我們的研究結果顯示，公共交通服務越多、越便利的地區，多數民眾更偏好使用綠色交通，降低機車使用率。以機車為主要交通生活方式者，相對於使用汽車者仍稍微較能接受漲價的減碳政策。此外，捷運擴張不僅減少交通不平等的負面影響，亦可能降低使用機車所帶來的傷亡。因此，軌道運輸等綠色交通方式值得台灣政府與公眾深入評估與投資。

第五章

台灣民眾對能源轉型與高耗能產業政策的態度

一、前言

　　過去近四十年來，雖然氣候變遷風險嚴峻，全球與台灣的實際總排碳量仍然持續提升。僅在 2008 年金融海嘯與 COVID-19 疫情期間，出現少見的排碳量下跌現象。2008 年金融海嘯後，全球主要排碳國已經從美國居首轉變為中國大幅領先，在全球疫情前夕，中國一國的每年排碳總量占了全球近三成，美國大約是中國的一半，歐盟 27 國加起來大約一成，印度約 7%，俄羅斯則約 5%，以上國家的碳排放量已經占了全球的三分之二，[1]然而，依據國家來估計碳排放量將會曲解產業所造成的污染分布，根據英國《衛報》公布學界的估計，從生產端來計算，在 1988-2015 年間全球前百大企業貢獻了 71% 的碳排放量，其中前 20 大企業即導致 35% 的碳排放量，[2]然而與批判先進資本主義觀點不同的是，這 20 家超級排碳企業當中，有 12 家是國營企業，主要屬於中國與中東各國，以及 8 家歐美民營能源廠商，而且多數都是石化產業與煤炭產業的大型集團（齋藤幸平 2023）。另外，從這些能源業者的客戶消費端來看，產業使用掉的能源排碳占 24%、交通運輸占 16%（其中道路用內燃機占 11%）、家戶使用的 11%、商業約 6%，就單一產業來說，鋼鐵業可以占 7.2%，隨後是石化與水泥產業。

　　根據環保署的統計，我國 2019 年能源使用 CO_2 排放總量為 256 百萬公噸，占全球排放總量的 0.76%，全球國家排名第 22 位。每人平均排放量為 10.77 公噸，全球國家排名第 19 位；2020 年排放量較 2019 年減少約 0.54%，二氧化碳排放密集度（每單位國內生產毛額 GDP 的二氧化碳排放量）則自 2005 年的 0.0206 kg CO_2/ 元降至 2020 年的 0.0130 kg CO_2/ 元，在全球國家排名落到 49 位，能源使用的經濟效率尚可。若要從生產端的

1　Hannah Ritchie, Max Roser and Pablo Rosado (2020) - "CO_2 and Greenhouse Gas Emissions". Published online at OurWorldInData.org. Retrieved from: 'https://ourworldindata.org/co2-and-greenhouse-gas-emissions' [Online Resource]

2　Riley, Tess (Jul 10, 2017). "Just 100 companies responsible for 71% of global emissions, study says". The Guardian. Retrieved Aug 7, 2018. Heede, Richard (2019) It's time to rein in the fossil fuel giants before their greed chokes the planet, Commentary, The Guardian, Oct 8. Retrieved from: https://theguardian.co.uk/

直接排放量來看，台灣能源產業中的台電與中油、台塑石化、中鋼集團等皆名列前茅。然而，從各部門分攤電力消費加以計算後，2020 年能源部門之 CO_2 排放約占總排放的 14.05%、工業占 48.74%、運輸占 14.17%、服務業占 10.35%、住宅占 11.54%、農業占 1.15%。其中，極少數大型企業也是排碳大戶。根據綠色公民行動聯盟、地球公民基金會及環境權保障基金會等環團所整理的 2020 年度官方統計數據，前十大碳排企業的總碳排放量突破 1 億公噸二氧化碳當量（CO_2e），占全國排碳量的 38%，環團認為，這些碳排大戶絕對是減碳路徑上的關鍵角色，呼籲這十大企業負起減碳責任。[3]

本書的第三章討論台灣民眾消費習慣的轉變，這個部分至少可以包括住宅（11.54%）或服務業（10.35%）的排碳量，第四章探討交通運輸排碳行為（14.17%），這些排碳量當然是台灣社會所應該負起的減碳責任。然而，前述的民眾日常生活排碳量，所占比例不到四成。就台灣整體淨零排放路徑來說，能源產業與工業部門當前的排碳量達到六成以上，與全球產業排碳比例（24%）相比，可以發現我國工業與能源排碳占比（48.7%）偏高的現實。由於台灣經濟相當依賴外銷，可以推論產業部門的排碳並非來自台灣消費者需求，而是我國主要排碳之中間代工與外銷廠商與國外消費者應該負擔的責任。

然而，能源產業的生存與利益不僅是個經濟成本與效益、或污染外部性的問題，而是影響國家安全與國際關係的重大因素，因此許多國家都將能源產業收歸國有以保證能源安全，也引起能源民主方面的爭議。相對於目前國家與大財團控制能源生產與消費的權力結構，所謂的能源民主，就是提升民眾對能源生產、消費與科技發展等政策與管理方面的決策參與。能源民主的支持者認為，民眾參與改變能源產業管理與消費決策，才可能達成能源部門的減碳目標（Szulecki and Overland 2020）。

此外，在氣候變遷議題引發關注之前，核能從國防用途轉為民間使用的核能發電，經歷過不少政治爭論，其中以核電風險與核廢料處置兩大議題為主。在 2011 年日本福島核災之後，全球核電產業再次衰退，然而隨著

---

3   https://e-info.org.tw/node/233980

2015 年《巴黎協議》之後，全球各國同意設定淨零碳排的目標，有關核電是否可以算成綠電、或是與其他再生能源發展之間的競合關係，值得關注（Ting and Lin 2021）。另外，由於在取得相同能量條件下，天然氣發電的排碳量大概是煤炭的 47%，是石油的 66% 左右，因此成為綠能發展之前的「過渡能源」。在台灣，天然氣發電比例持續增加，同時由於民眾對於空污的風險感知日益提升、以及 2021 年桃園大潭天然氣接收站的藻礁保育議題，而受到輿論關注。最後，確實如生產的苦力磨坊理論對資本主義之批判，高耗能產業如石化、鋼鐵、水泥、與電子業等，是台灣最主要的排碳來源，實在應該負起減碳的主要責任（周桂田 2017）。然而各種國家管制政策主要效果便是提高廠商的成本，將會導致資本家的抵抗。本章將會探討全球能源政治的文獻與台灣的處境，並且以民調數據呈現台灣民眾對能源轉型與高耗能產業的政策態度與其變化。

二、全球的能源政治學與其理論意涵

能源產業是碳排放的主要直接生產者，因此在減碳政策上必然是首當其衝，然而在全球歷史上，能源產業從來都不只是市場供需或廠商成本效益決定的經濟議題。例如美國著名的能源歷史學者、普立茲獎得主丹尼爾·尤金（Daniel Yergin），在其得獎的經典著作《石油世紀》一書，就從地緣政治的角度回顧歷史，將 20 世紀稱為「石油世紀」。第一次世界大戰顯示在國防科技的能源來源上，使用石油比煤炭更有效率。一次世界大戰之後，石化、汽車與飛機產業崛起；第二次世界大戰不僅是民主與極權的對抗，同時也是爭奪石油產能的地緣政治之戰，日本進攻東南亞與納粹德國進軍俄羅斯，都是為了取得戰略關鍵物資石油所致，對中東石油的依賴，也影響戰後美軍的全球佈署（Yergin 2011）。然而，中東石油危機與石化產業的高度資本集中特色，以及核電的技術官僚控制問題，是環保運動長期批判的主題，帶動有關能源民主的論述。因此，有關能源政治或社會學的文獻，主要討論的三大議題是能源安全、能源民主與氣候變遷。

就跟永續議題的跨學門特質類似，能源政治或社會學的相關研究五花八門，文獻散落在各個學科分支，直到最近英國牛津大學的《牛津能源政治手冊》（*The Oxford Handbook of Energy Politics* 2021）展開系統性的整理，將主要的能源政治議題，依據化石能源、核能、電力（基礎設施）與化石能源基礎設施、再生能源這五種技術類型，又將文獻分為國際與國內兩部分，來探討能源與政治的互動關係。一方面是能源之自然資源的地理分布與市場需求所導致的國際貿易與地緣政治議題，影響國家的能源安全，另一方面是國內資源分配所涉及的能源政治議題，包括能源貧窮與能源正義、能源生產與消費的性別不平等、以及企業社會責任等（Hancock and Allison et al. 2021）。該書也討論主要排碳國家的能源政治歷史，氣候變遷與永續議題對當前全球能源政治有重大的衝擊。

相對於第三章回顧生態現代化論或生產的苦力磨坊論的去政治化觀點，前述能源政治的分析相當有參考價值。在進入台灣民意調查的討論之前，提醒我們以下五點：

第一，實證研究應該關注多種能源之間的競合關係。國際主要的能源政治學文獻所研究的產業類別，雖然可以分為化石能源、核能與再生能源等主要類型，但也相當關注其彼此的競合關係，這三種能源都涉及到大規模的電力與化石能源基礎設施投資，這些投資也與科技創新有密切關聯。因此，能源政治與社會研究不太可能侷限在化石能源、核電或綠能的其中之一，例如台灣與歐洲都曾經出現「以核養綠」或把核電納入綠能的討論。在台灣能源爭議中有關核四是否重新啟用的主題，則是近期朝野政黨攻防的重點之一（殷志偉、劉正 2020）。擁核人士將「反空污」和「支持核電」進行串連（李坤城 2020）做為論述的基礎。而對於各種包括「漂綠」在內的爭議，歐盟執委會也發出聲明表示，核能與天然氣要做為永續能源的投資標的，「必須符合極嚴格的條件」，包含核廢料的管理以及未來除役基金的建置等等（Huang 2022）。相對地，歐洲議會把天然氣與核能列入歐盟的永續能源，引發外界爭議（風傳媒主筆室 2022）。台灣經濟部次長曾文生則表示，歐洲議會通過部分，比較大的效果是在金融上，認定綠電比較容易融資，並強調台灣已走進民主社會，任何新的能源形式在台灣要使用，皆須經過民主選擇（工商時報 2022）。綠色和平組織等環境團體最近對歐盟提出訴訟，認為歐盟議會將天然氣與核能視為綠能的論據不足，更違反《歐盟氣候法》的規定，要求法律推翻此規定（簡嘉佑 2023）。同時，天然氣系統的基礎設施投資或損壞，例如俄羅斯到歐洲的北溪管線或台灣的第三與第四接收站，也會引發地緣政治與國內的社會運動，導致對能源市場供需與國內政局的重大影響（Balmaceda 2021），因此，能源政治或社會研究，很難侷限在探討一種能源的發展，必須顧及多種替代性能源產業的競爭或合作。

第二，國內能源政治與全球能源政治場域密切相關，必須留意外生因素對民意的影響。在台灣此一能源極度依賴進口的國家，國內能源政治無法擺脫國際關係的衝擊，地緣政治也可能立即左右國內能源生產及消費。近年來，國際能源政治的主要衝擊，包括油頁岩採礦科技與俄羅斯入侵烏克蘭。首先，日本福島核災就造成全球核電產業的蕭條，間接有利於天然氣產業開發新技術。丹尼爾‧尤金在最近作品《全球新版圖》裡，基於美國從油頁岩採取石油與天然氣的科技與產能大幅躍進，大膽宣布「頁岩革命」來臨。從全球能源數據可以發現美國在疫情爆發之前，已經迅速從能源進口國變成出口國，對中東的能源依賴不再，國內天然氣發電比例超過煤礦達 37%，全國排碳量乃逐漸減少，使得中國遠超美國成為全球排碳總量最多的國家（Yergin 2022）。甚至，美國的能源自主與能源安全，也會影響其全球盟國的能源供需與安全（林宗弘 2023）。

能源安全與能源市場供需都會影響民生與民意態度。在 2020 年疫情影響能源需求、與綠能供應提升之下，歐盟再生能源發電量首次超越石化燃料。另一方面，以德國為首的歐盟也逐漸減少對核電的依賴，天然氣發電比例則提升到兩成以上，使得歐盟越來越需要天然氣。在俄烏戰爭爆發前的 2021 年，歐盟九成天然氣仰賴進口，其中 45% 來自俄羅斯，主要的輸氣管道包括北溪一號與二號管線。2022 年 2 月普京揮軍入侵烏克蘭，歐盟對俄羅斯發動經濟制裁，俄方開始減少供氣，導致全球天然氣價格暴漲，9月發生北溪管線爆炸事故，使歐盟天然氣供應與發電陷入困境。不過，在美國迅速協助下，歐洲從船運取得液化天然氣，西方民主國家甚至日、韓都不再依賴俄羅斯進口油氣。在民意支持下也紛紛捐出武器給烏克蘭，俄羅斯遂積極謀求與中國合作（林宗弘 2023）。這個案例顯示，能源安全在國際衝突與國內民意上，可以造成短期內的逆轉。

第三，民主國家的國內政治與社會因素，會顯著影響能源政策的績效，這也是國內民意調查最關注的議題。在一本美國能源民主著作裡，

Tomain（2017）將美國國內能源政治區分為黨派政治、聯邦與地方政治、與民意政治等三個場域，這三個場域的政治合作與鬥爭，會影響潔淨能源的定義範圍、與公共投資或獎助的制度設計。在聯邦政府兩黨競爭下的執政權歸屬與政商聯盟，成為美國是否加入國際協議與推動減碳政策如綠色新政的關鍵因素。此外，公民參與社會資本或信任會影響民眾對環境政策如加稅或漲價的態度（林宗弘等 2018；2023），但其對電價與能源政策偏好的影響，還有待進一步探索。

就社會不平等方面來說，在《牛津能源政治手冊》各章提供的文獻回顧裡，首先提到性別因素對能源政策的影響。學者指出，能源產業一直以來都是男性主導，且男子氣概傾向對抗氣候變遷政策和永續能源轉型。在民粹主義意識形態研究中，學者指出男性更有可能是氣候否認派，即對氣候變化持懷疑態度（McCright and Dunlap 2011; Anshelm and Hultman 2014; Daggett 2018; Krange et al. 2019）。此外，研究顯示跨國化石能源和核能公司都由男性領導，構成反對能源轉型的強大利益集團（Kimura 2016a; Daggett 2018）。相反地，少數學者（Atif et al. 2021）研究發現企業董事會中的性別多樣性會顯著且積極地增加其使用可再生能源的傾向。Osunmuyiwa 與 Ahlborg（2019）也指出，女性業者參與電力生產和創業，有助於再生能源的發展（Ting et al. 2023）。除了利益集團與性別之外，能源不平等與正義議題也包括能源生產的民主、與能源消費的貧窮這兩類討論（Fuller 2021）。在能源生產面，針對核電具有高複雜性與事故風險的特質，能源民主的觀點挑戰這種高科技與資本集中化，導致官僚統治與金權政治的傾向（Thombs 2019; van Veelen and van der Horst 2018; Wahlund and Palm 2022）。另一方面，經濟社會不平等如階級與收入（Bardazzi et al. 2021; Hassan et al. 2022; Nguyen and Nasir 2021）、性別（Nguyen and Su 2021）、族群與城鄉差距（Middlemiss et al. 2019; Sovacool et al. 2023）等因素，則會造成能源可及性與可負擔性的差異，例如前一章提到歐洲民粹主義與法國的黃衫軍運動顯示，民眾也可能會反對因應氣候變遷而提高能源價格的減碳政策。因此，在原先的能源體制下就比較脆弱的不同群體對政府減碳政策的態度，是本章關心的分析議題。

第四，能源政治也涉及下游的全球產業鏈與各國國內的產業供需。雖然能源產業是碳排放的直接生產者，然而絕大部分的能源其實是由高耗能產業所消費的，這就涉及到相關產業的企業社會責任（Corporate Social Responsibility, CSR）或後來發展出來的 ESG 概念（Stern 2020）。企業社會責任泛指企業進行商業活動時亦考慮到對各相關利益者造成的外部性與社會影響，具有減少外部損害的責任（Sheehy 2015）。ESG 這三個字母分別代表環境保護（E，Environment）、社會責任（S，Social）和公司治理（G，Governance），首次出現在 2004 年聯合國發布的《Who cares wins》報告，強調：「基於經營者或投資者的社會責任與企業風險管理，企業應重視環境、社會和治理（ESG）對其長期財務表現的影響。」無論是採用 CSR 或 ESG 的評估標準，都揭示高耗能產業才是溫室氣體排放大戶，應該負起減少排放之外部損害的主要責任。學界有不少研究探討企業遵循 CSR 或 ESG 的動機、以及 CSR 與 ESG 對消費者評價品牌廠商、或對廠商之股票價格或營收與利潤率之影響（Aouadi and Marsat 2018; Gillan et al. 2021）。隨著世界各國設定新的淨零排放政策目標，碳權市場、綠色金融與循環經濟的研究以及企業的永續實踐活動也越來越豐富，以至於輿論與環保運動對漂綠的關注、與學界對碳權市場或綠色金融的批判也迅速崛起（齋藤幸平 2023）。本章第三節將會針對民意如何看待高耗能產業與企業加稅進行分析。

第五，無論是在國際或國內的分析層次，氣候變遷是未來左右能源政策長期發展的重要因素。在過去的氣候變遷研究裡，如本書在第三章所呈現的，對氣候變遷造成災難的風險感知，會影響民眾針對為了氣候變遷對產品加稅或漲價的支持程度，我們相信對氣候變遷的風險感知也會反映在民眾的能源政策偏好上。例如，民眾越是擔心氣候變遷會帶來災難性的後果，就越可能會支持政府補貼再生能源發展。另一方面，民眾越是擔心核電廠或核廢料的風險，可能會越反對使用核電而支持使用其他能源。然而，台灣民眾對核電或氣候變遷風險感知之間的關聯性，將影響其接受或反對使用核電來取代傳統化石燃料，間接改變其對綠電的態度。在台灣的當代歷史脈絡裡，對核電態度是個黨派政治與社會運動的重要議題，也是本章將探究的主題之一。

三、台灣的能源政治爭議：從核電到空污

　　跟隨全球主要工業國家的地緣政治變化與減碳政策腳步，台灣的能源結構也在近半個世紀裡經歷過劇烈的轉型。如前述國際能源政治學文獻所提示的，台灣能源結構變遷，與國際因素及環保運動的互動，關係極為密切。首先，戰後台灣電力需靠進口能源，因此無法避免國際因素的影響。根據經濟部能源委員會（2004）的能源簡史，經濟起飛時期（1960 年代）台灣主要依賴煤炭火力發電，1970 年代能源危機時期開始引進核能發電，以及天然氣的推廣利用，台電也提出興建抽蓄水力電廠的計畫。1980 年代初期第二次石油危機影響下，台灣三座核電廠的興建完成與投入商轉，使其發電量在 1980 年代中期達到歷史高峰，然而受到 1986 年前蘇聯車諾比核災影響，民眾開始懷疑並反對核四廠的興建（何明修 2006），政府與台電也發現核電廠的成本效益必須與燃煤火力電廠競爭。1986 年 12 月開始興建台中火力發電廠，並於 1990 年開始併聯發電，此間有鑑於備用容量不足，開始致力於推動時間電價、節約用電以及汽電共生等方案。此外，全球逐漸掀起一陣電業自由化風潮，因此政府修訂《電業法》、開放民間可以興建電廠，發電市場進入「開放發電業」時期（台電 2022）。在 1991年首次波灣戰爭之後，國際煤炭價格與油價長期持續下跌，1990 年代末期之後，陸續投入的民營電廠獲益甚多。2006 年起國際化石燃料價格漲跌甚大，影響台灣電業的經營。到了 2011 年福島核災、與氣候變遷影響持續擴大的時期，政府在民意壓力下封存核四廠（Ho 2021），台灣逐漸走向天然氣發電，近年來在國際減碳壓力下更積極推動綠能發展。

　　近年來台灣發電端的能源結構轉型，如圖 5-1 所示，在 1980 年代前台灣主要使用石化燃料與水力發電，在台灣企圖開發核能的國安目標與石油危機影響下，十項建設與十二項建設都納入核一廠到核三廠，到 1980 年代中後期三座核電廠商轉後，台灣的核能發電一度達到全國總發電比例的一半，後來由於多種因素影響，在 1990 年代，主要發電能源迅速讓位給燃煤電廠，在 2016 年之後，政府加速推動能源轉型之下，燃煤發電占比逐年減少，天然氣與綠能，在 2023 年可望雙雙超越煤炭與核能，兩者在台灣的發電結構上將超過一半（林宗弘 2023）。

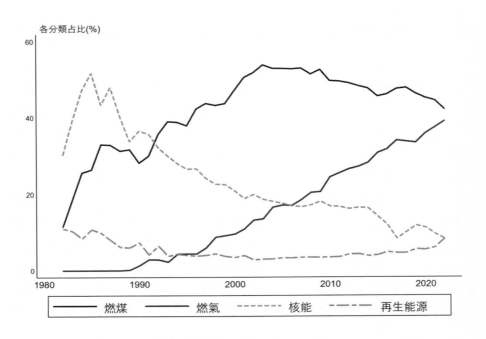

▲圖 5-1　台灣各種能源在總發電量中所占的百分比，1980-2022

資料來源：林宗弘 2023

　　除了國際因素之外，國內反核運動與民意對空氣污染的風險感知增強，影響核能發電與燃煤電廠的發展。由此理論架構來觀察，台灣的能源政治議題則與黨派政治、及社會運動對民意的影響關係較大（黃俊儒2017）。如何明修（2006）的研究顯示，台灣的反核運動與政治民主轉型有千絲萬縷的關係，反核運動成為民進黨推動民主化中的重要議題（何明修2004），政治民主化也使得反核運動從鄰避抗爭，逐漸擴大成為全國性的議題並且體制化（何明修 2002）。民進黨與環保團體之間的特殊「結盟」關係、與國民黨政府內部意見的分化，乃成為反核運動的政治機會。2013 年3 月的廢核大遊行結束後，國民黨政府提出「廢核可能會衝擊台美關係」的宣傳（李明 2013）。蘭嶼反核廢料運動則是提出「族群正義」的觀點，要求主流漢人社會停止使用核能（黃淑鈴 2015）。在太陽花運動之後，反核運動利用國民黨民意基礎流失，在 2014 年由林義雄發動絕食與占領運動等成功動員抗爭，更迫使馬英九總統停止核四廠的商轉。

近年來，另一個影響台灣民意的風險感知因素是空氣污染，研究發現，民眾對空污的感知會影響其反對化石燃料發電的程度，也有可能使民眾相對傾向選擇使用核電（劉宜瑾 2021）。因此，國民黨與擁核派利用2018 年民進黨政府受困於年金改革與同婚政策爭議、韓國瑜造成全國政治風潮之際，發動以核養綠與反空污等公民投票，使得 2025 非核家園的法令因民意而修改（殷志偉、劉正 2020）；雖然韓國瑜在 2020 年總統大選受挫，到 2021 年，國民黨再度發動重啟核四廠並支持反對桃園大潭藻礁興建天然氣接收站的公民投票（Ho 2021）。然而，這次公民投票並未達到足夠的投票率與得票數，未能改變能源政策。

從前述的歷史回顧可以看出，與美國影響國內能源政治的因素類似，台灣影響國內核電、燃煤、天然氣與綠能政策變化的主要因素，是黨派政治與民意政治這兩個領域，國民黨傾向擁核、民進黨傾向反核，在台灣政治態度上是基本的常識，也獲得過去的調查研究所驗證（梁世武 2014；林宗弘等 2018；張鐙文等 2020）；另一方面，在台灣能左右民意政治風向的社會運動，可以包括支持某種能源或反對者所組織起來的兩種運動（Ho 2021）。當然，反核運動仍然具有部分鄰避抗爭的性質，或多或少也會影響中央與地方政治領域內的互動與衝突。

因此，本章將測試上述情境因素：台灣的藍綠政黨傾向、民眾參與環保運動的社會資本，以及支持或反對核電的態度，如何影響民眾對於減碳相關能源政策的偏好，例如補貼綠能與提高電價來抑制排碳等。根據「以核養綠」一派的說法，支持核電政策的民眾應該也會關心環保或氣候變遷，然而前幾章的分析已經發現，泛藍選民往往不支持為了環保而漲價，其所關心的僅是電力供應與價格，而不是氣候變遷或核電等災害風險。因此，本章將逐一檢視目前政府所推動的各項能源政策，是否受到過去核電的黨派立場或僅是願付價格的影響。我們發現，政黨立場強烈影響選民對各種能源的偏好態度，泛綠選民大致上全面支持各種有助於減碳的能源與企業管制政策；相反地，泛藍選民除了擁護核電之外，其實是不願意為了鼓勵綠能發展而提高電價，擁核民眾也並不想養綠。

此外，本章也將參考前述能源政治文獻提到過的風險感知與社會因素，例如性別、階級與世代不平等，台灣已有民意調查研究發現，不同世代的民眾對於能源發電的形式存在特定的偏好。已有民意調查研究發現年長世代（-1970）偏好核能、青壯世代（1971-1991）偏好燃氣發電、年輕世代（1992-）則偏好燃氣及再生能源發電（陸德宇 2021）。前述研究主要使用後物質主義來解釋此一現象，本章將利用過去四年的低碳社會調查，探討這些可能影響民眾能源消費能力的因素，是否也會塑造其對於不同能源政策的偏好。

四、台灣高耗能產業對排碳量的影響與社會責任

儘管在台灣，近年來能源產業直接造成七成以上的碳排放量，其中發電業者的排碳責任超過九成，不過，從能源使用方面來看，特別是用電的消費面計算，工業部門間接排碳占比 48.7%、能源產業大約占 14%、服務業近 11%，遠高於全球平均值且十餘年來變化不大。據此可知，其中高耗能產業造成的間接排碳量才是關鍵。

台灣學界已經有不少著作批判高耗能產業才是排碳原兇。例如周桂田的《氣候變遷社會學：高碳社會及其轉型挑戰》（2017）一書以制度性隱匿風險的遲滯型高科技風險社會來解釋台灣的現實，即過去技術官僚追求經濟發展，忽視風險或僅企圖管理污染，抗拒與公民社會的風險溝通，導致氣候變遷與環境污染風險持續擴大、與環保政策持續拖延的後果。其中又以石化業是台灣環境污染與碳排放量最大的產業，也引起大量的環保抗爭。謝志誠、何明修（2011）記錄了台灣石化業的發展，引起地方利益集團與污染受害社區抗爭角力的歷史過程。鋼鐵行業屬於能源密集產業之一，全球鋼鐵業每年約排放 26 億噸的二氧化碳，水泥業每年生產 23 億噸的二氧化碳，分別占溫室排放量的 7% 和 6.5%（林羽彤 2022），台灣鋼鐵業碳排放占比更高（黃啟峰、潘子欽 2019；謝柏宏 2022）。台灣對於核電或石化產業之環境風險與社會運動有不少研究。然而，有關石化業之外，其他高耗能產業如鋼鐵與水泥業的環境爭議研究，則較為少見。總之，台灣的氣候變遷爭議與鄰避運動之間有延續性，凸顯高耗能產業的環境衝擊。

即便辨識出高耗能產業，以產業來估計碳排放量往往太過粗糙，而且無法呈現排碳大戶集中的現實，直接算出大型企業排放量，更能確定減碳責任。台灣環保團體依環保署溫室氣體登錄平台資料統計，列出碳排大戶

排行榜，排碳最多的企業就是台塑石化，2020 年排碳約 2,500 多萬噸，占全國產業排碳 9.7%。若加上同在榜上的石化業者如台塑、南亞、台化、中油、長春石化，六家石化業排碳大戶共排放 5,700 多萬噸，就占產業排碳量 21.8%。鋼鐵業的中國鋼鐵排名第二，2020 年排碳 1,900 多萬噸，占 7.39%；同為中鋼集團的中龍鋼鐵碳排量約 900 萬噸，兩者相加共占產業碳排的 10.8%。其他還有電子製造業如台積電碳排約 930 萬噸，占 3.5%，居第三名；以及台灣水泥約 460 萬噸，占 1.7%。與 2019 年相比，台積電碳排從 770 萬噸大幅提升，擠下中龍鋼鐵成為第三名。此外，發電、鋼鐵、石油煉製、水泥、半導體及薄膜電晶體液晶顯示器等特定行業，加上化石燃料燃燒排放，達 2.5 萬公噸二氧化碳排放量，累計前 290 家企業的直接排放量約 225 百萬公噸二氧化碳，已經占全國產業排放量的 82%，其中，環保署表示近五年製造業溫室氣體排放量變化情形，以半導體業年均成長率 6.44% 最高（李蘇竣 2022）。台積電進駐有助於帶領高雄轉型為智慧聚落和循環經濟之正面意義，卻也帶來用電需求大增 33.98 億度與增加排碳 147.69 萬噸等壓力（賴品瑀 2022）。政府長期擁護依賴高耗能產業帶動經濟發展，導致持續消耗六成以上的進口能源，碳排量居高不下（李欣芳 2021）。

我們在第一章指出，氣候變遷雖然是一個全球議題，國家仍是管制高耗能產業的主要行動者。2023 年，立法院已將《溫室氣體減量及管理法》修正為《氣候變遷因應法》，明定我國 2050 年達成淨零目標。估計全台共有 287 家企業，它們碳排放量占全國產業排放量近八成，這些高耗能產業包含電力、鋼鐵、石化以及水泥等，環境部已經公開宣布 2025 年將對這些產業與企業（可稱之排碳大戶）直接徵收碳費。至於間接用電加工製程達到徵收碳費標準的業者，主要含電子零組件、化學材料、紡織等製造業，估約 239 家。如果包含上述大戶，它們兩者合計逾 500 個廠家，已占全國產業碳排放量近九成。

在 2024 年開徵碳費之後，政府將進一步與各界討論碳交易機制（莊貿捷 2021）。所謂碳交易機制，是授權國家核配產業或企業排放額度，在確立額度之後採取總量管制，鼓勵產業與企業自行減少排放量，並允許減量的部分進行碳權交易、增量的部分則必須取得綠能相關的憑證。台灣的再生能源憑證（T-REC）是由「經濟部標準檢驗局國家再生能源憑證中心」針對再生能源發電設備進行查證後，核發給綠電的有價證卷，1 張憑證為 1,000 度綠電。由於綠電憑證可能有助於減少國內碳費、或得到國際綠色認證、避免遭到歐盟等國課徵碳關稅，已經有不少綠電與金融業者開始投入這個前景看好的綠色經濟市場。

然而，民意對於這些國家管制高耗能產業的措施是否理解、是否支持，很值得我們關心。根據台灣永續能源研究基金會（TAISE）公布的民意調查，有 47.9% 的民眾未聽過「淨零排放或碳中和」，能夠正確地回答出台灣主要發電方式為「燃氣」者僅有 5.5%（潘姿吟 2023）。近期台大風險中心公布「台灣高碳排產業公正轉型意識調查」，研究結果發現高達 81.2% 受訪者「完全不瞭解」或「不瞭解」政府 2050 減碳規劃的內容；更令人感到擔憂的是，有八成以上的高碳排產業主管與員工，也不瞭解政府 2050 減碳規劃的內容（謝錦芳 2022）。

依據本研究團隊四波的電訪調查數據結果顯示，針對台灣民眾是否同意政府應積極限制高耗能產業的發展，2017 年認為同意（34.1%）與非常同意（20.6%）共計有 54.7%；2019 年認為同意（35.5%）與非常同意（21.8%）共計有 57.3%；2021 年認為同意（28.7%）與非常同意（17.3%）共計有 46%；2022 年則認為同意（36.3%）與非常同意（16.1%）共計有 52.4%，顯見近幾年台灣民眾是在持續地關注高耗能產業所造成的環境影響，只是對政府的管制措施支持率起伏不定。

如第二章所發現的，近年來由於 2018 年與 2021 年的兩次公民投票，使得能源政治議題成為媒體與政黨動員的熱門話題，也使得民眾對核電、綠能與各種提高電價的政策支持度大幅變化。主要的影響是與 2017 年相比，2018 年公民投票綠營挫敗，韓國瑜當選高雄市長與成為國民黨總統候選人之後，非常同意或同意政府繼續支持綠能產業、與支持使用再生能源而支付較高電價的民眾比例逐漸下降。在 2019 年與 2021 年兩個調查的年度裡，民意過半反對非核家園與反對累進電價等政策，與國際上民粹主義政黨提倡氣候變遷否認論，有類似的社會與政治情緒因素（林文正、林宗弘 2020；2022）。此乃是台灣能源政治上的一大變化，值得學者與政策實務界持續關注。

五、台灣民眾對能源政策與高耗能產業管制的態度

（一）研究設計、變量介紹與統計模型

　　根據前述文獻回顧，本章認為影響台灣能源政治的主要變量是黨派立場，泛綠選民通常接受漲價且支持綠能而反對核電（反核養綠）、泛藍選民則是抗拒漲價且不支持綠能而偏好核電（擁核反綠），因此調查中極少有「以核養綠」偏好的選民；其次，國內外研究均指出風險感知與社會資本對支持環境友善態度與行為，扮演非常穩定且重要的因子（梁世武 2014；林宗弘等 2018）。此外，社會不平等例如階級、世代與性別也可能會影響民眾對各種能源政策的偏好，以下我們就使用五年來的四波民意調查，共3,586 位民眾對問卷上相同問題的回答，來驗證前述影響台灣民眾能源政策態度的假設。

　　以下我們將使用在第二章介紹過有關電價與能源政策的五個依變量，包括詢問受訪者是否願意「因公用事業價格而節能減碳」、「為使用再生能源而付較高電價」與「是否支持採用累進電費」，對受訪者的回答都簡化為支持（=1）與不支持（=0）兩類，據此採用二分類的邏輯迴歸模型，迴歸係數正值表示該因素會提升支持為了節能減碳而提高電價的政策（勝算比提升），負值則是偏向不支持該項政策（勝算比下降），這三個依變量的分析結果請參見表 5-1。

　　其次，我們想知道台灣民眾對核電與綠能的偏好結構，究竟是以核養綠（兩者正相關）、還是如我們假設的核綠互斥（支持者的黨派立場與社會基礎相反），所使用的兩個依變量是詢問受訪者是否支持「非核家園政策」、以及是否贊同「政府繼續支持綠能產業」，呈現的統計結果請參見表5-2。

　　除了能源政策之外，我們也針對高耗能產業進行民意調查，其中兩個相關的問題是請教受訪者是否支持「政府限制高耗能產業發展」、以及是否支持「企業應該為了保護台灣的環境而加稅」，其中又把加稅的稅率分為不贊成（0%）、加 1-5%、以及加稅 6% 以上這三層，因此最後一個模型是次序邏輯迴歸估計。這兩個模型結果報告於表 5-3，迴歸係數解釋方式與前面的五個模型大同小異。

表 5-1　台灣民眾是否支持因節能減碳、使用再生能源與累進電價而漲電價

	因公用事業價格而節能減碳		為使用再生能源而付較高電價		採用累進電費	
	Coef.	s.e.	Coef.	s.e.	Coef.	s.e.
階級 Ref: 非勞動力						
雇主	-0.24*	(0.12)	-0.33*	(0.16)	-0.00	(0.13)
受雇於公部門	0.11	(0.09)	0.12	(0.12)	0.02	(0.10)
新中產階級	-0.05	(0.07)	0.04	(0.09)	0.07	(0.08)
非技術工人	-0.08	(0.07)	-0.09	(0.09)	-0.03	(0.07)
自營作業者	-0.24**	(0.09)	-0.14	(0.12)	-0.06	(0.10)
失業	0.10	(0.12)	0.04	(0.16)	-0.29*	(0.13)
教育年數	0.01	(0.01)	0.07***	(0.01)	0.08***	(0.01)
每月平均所得	0.00**	(0.00)	0.00***	(0.00)	0.00	(0.00)
女性	0.08	(0.04)	0.16**	(0.06)	-0.17***	(0.05)
年齡	0.01	(0.01)	-0.01	(0.01)	0.02*	(0.01)
年齡平方項	-0.00	(0.00)	0.00	(0.00)	-0.00*	(0.00)
已婚	-0.05	(0.05)	-0.06	(0.07)	-0.06	(0.06)
高耗能產業	-0.10	(0.08)	0.12	(0.11)	-0.05	(0.08)
曾是環保團體成員或參加過反核活動	0.00	(0.06)	0.23**	(0.08)	0.07	(0.06)
產業過度使用石油或煤礦是造成氣候暖化的主因	0.07***	(0.02)	-0.04	(0.02)	0.03	(0.02)
全球暖化會對台灣造成災難性影響	0.08***	(0.02)	0.15***	(0.03)	0.16***	(0.02)
因為新聞媒體宣傳而減少二氧化碳排放	0.24***	(0.02)	0.13***	(0.02)	0.06***	(0.02)
泛綠	0.19***	(0.05)	0.37***	(0.07)	0.24***	(0.05)
泛藍	0.07	(0.06)	-0.42***	(0.08)	-0.16**	(0.06)
年份 Ref: 2017~		~				
2019	-0.38***~	(0.06)~	0.00	(.)	-0.44***	(0.06)
2021	-0.55***	(0.06)	0.26***	(0.07)	-0.43***	(0.07)
2022	-0.44***	(0.06)	-0.07	(0.07)	-0.32***	(0.07)
常數項	2.32***	(0.28)	1.19**	(0.36)	1.15***	(0.30)
N	3586		2585		3586	
R^2	0.13		0.10		0.08	
Adjusted R^2	0.12		0.09		0.08	

表 5-1　台灣民眾是否支持因節能減碳、使用再生能源與累進電價而漲電價（續）

	因公用事業價格 而節能減碳		為使用再生能源 而付較高電價		採用累進電費	
	Coef.	s.e.	Coef.	s.e.	Coef.	s.e.
Log likelihood	-5859.77		-4469.01		-6105.04	
AIC	11765.53		8982.02		12256.09	
BIC	11907.78		9110.88		12398.34	

* *p*<.05 ** *p*<.01 *** *p*<.001

表 5-2　台灣民眾對核電與綠能的支持或反對態度，2017-2022

	支持非核家園		政府繼續支持綠能產業	
	Coef.	s.e.	Coef.	s.e.
階級 Ref: 非勞動力				
雇主	-0.07	(0.13)	-0.03	(0.11)
受雇於公部門	0.05	(0.10)	0.09	(0.08)
新中產階級	0.14	(0.08)	0.04	(0.07)
非技術工人	0.26***	(0.08)	0.07	(0.06)
自營作業者	0.28**	(0.10)	0.03	(0.09)
失業	0.21	(0.13)	-0.05	(0.12)
教育年數	-0.04***	(0.01)	0.01	(0.01)
每月平均所得	-0.00	(0.00)	0.00	(0.00)
女性	0.24***	(0.05)	0.17***	(0.04)
年齡	-0.00	(0.01)	-0.01	(0.01)
年齡平方項	0.00	(0.00)	0.00	(0.00)
已婚	0.02	(0.06)	0.01	(0.05)
高耗能產業	-0.01	(0.08)	0.06	(0.08)
曾是環保團體成員或參加過 反核活動	0.35***	(0.06)	0.11*	(0.05)
產業過度使用石油或煤礦是 造成氣候暖化的主因	0.05**	(0.02)	0.03*	(0.02)
全球暖化會對台灣造成災難性影響	0.09***	(0.02)	0.08***	(0.02)
因為新聞媒體宣傳而減少 二氧化碳排放	0.12***	(0.02)	0.12***	(0.02)
泛綠	0.42***	(0.06)	0.27***	(0.05)
泛藍	-0.62***	(0.06)	-0.35***	(0.06)

表 5-2　台灣民眾對核電與綠能的支持或反對態度，2017-2022（續）

	支持非核家園		政府繼續支持綠能產業	
	Coef.	s.e.	Coef.	s.e.
年份 Ref: 2017				
2019	-0.52***	(0.06)	0.00	(.)
2021	-0.43***	(0.07)	-0.14**	(0.05)
2022	-0.52***	(0.07)	-0.17***	(0.05)
常數項	2.97***	(0.31)	3.59***	(0.26)
N	3586		2603	
R^2	0.14		0.10	
Adjusted R^2	0.13		0.10	
Log likelihood	-6213.71		-3658.07	
AIC	12473.42		7360.13	
BIC	12615.67		7489.15	

* $p<.05$ ** $p<.01$ *** $p<.001$

表 5-3　台灣民眾對限制高耗能產業與要求企業配合加稅的支持度

	限制高耗能產業		企業配合加稅	
	Coef.	s.e.	Coef.	s.e.
階級Ref: 非勞動力				
雇主	-0.24*	(0.12)	-0.55**	(0.18)
受雇於公部門	-0.03	(0.10)	-0.07	(0.15)
新中產階級	-0.12	(0.08)	-0.19	(0.11)
非技術工人	-0.13	(0.07)	-0.20	(0.11)
自營作業者	-0.12	(0.10)	-0.10	(0.14)
失業	-0.08	(0.12)	-0.15	(0.18)
教育年數	0.00	(0.01)	0.04***	(0.01)
每月平均所得	0.00	(0.00)	0.00*	(0.00)
女性	-0.13**	(0.05)	0.02	(0.07)
年齡	0.01	(0.01)	0.03*	(0.01)
年齡平方項	-0.00	(0.00)	-0.00*	(0.00)
已婚	-0.01	(0.06)	-0.09	(0.08)
高耗能產業	-0.15	(0.08)	0.04	(0.12)
曾是環保團體成員或參加過反核活動	0.08	(0.06)	0.22*	(0.09)

表 5-3　台灣民眾對限制高耗能產業與要求企業配合加稅的支持度（續）

	限制高耗能產業		企業配合加稅	
	Coef.	s.e.	Coef.	s.e.
產業過度使用石油或煤礦是造成氣候暖化的主因	0.14***	(0.02)	0.09**	(0.03)
全球暖化會對台灣造成災難性影響	0.21***	(0.02)	0.16***	(0.03)
因為新聞媒體宣傳而減少二氧化碳排放	0.09***	(0.02)	0.06*	(0.03)
泛綠	0.05	(0.05)	0.23**	(0.08)
泛藍	0.02	(0.06)	0.00	(0.09)
年份				
Ref: 2017				
2019	0.02	(0.06)	0.28**	(0.09)
2021	-0.06	(0.07)	0.40***	(0.10)
2022	0.08	(0.06)	0.71***	(0.10)
常數項	1.21***	(0.29)		
Cut1			0.94*	(0.43)
Cut2			2.89***	(0.44)
N	3586		3586	
R^2	0.07			
Adjusted R^2	0.07			
Log likelihood	-6005.25		-3440.56	
Chi2			153.67	
AIC	12056.49		6929.11	
BIC	12198.74		7077.55	

* $p<.05$ ** $p<.01$ *** $p<.001$

（二）台灣民眾對能源政策態度的分析結果

　　首先，我們先討論受訪者是否願意「因公用事業價格而節能減碳」、「為使用再生能源而付較高電價」與「是否支持採用累進電費」這三題，也就是無論理由是節能減碳、使用再生能源或為求環境正義的累進電費，民眾是否願意漲電價。首先，本書關注黨派政治的影響，從表 5-1 可以發現泛綠選民對為了減碳政策漲電價的支持態度（中間選民對照組）非常一致。相對來說，泛藍選民與中間選民在公用事業這一題上沒有顯著差異，都比泛綠選民意願低。而在「為使用再生能源而付較高電價」與是否支持「採用累進電費」這兩題上，泛藍選民比中間選民更顯著負向，也就是不贊成為了使用再生能源或環境正義而提高電價。

其次，跟隨本書前四章，本章再次測試風險感知與社會資本，是否影響民眾面對調漲電價之三種不同理由的態度。第一，受訪者若贊同全球暖化會對台灣造成災難性影響，就比較容易在這三種漲電價的議題上表達支持政府政策，而在歸因方面認為「產業過度使用石油或煤礦是造成氣候暖化的主因」者比較支持提高公用事業價格而節能減碳，但是對再生能源與累進電費的支持度影響不顯著。第二，曾是環保團體成員或參加過反核活動者，比較願意「為使用再生能源而付較高電價」，但是對於公用事業價格或累進電費的態度沒有顯著差異。顯然，參與公民團體的民眾也不見得能夠分辨這些不同政策背後的差異。

第三，本研究關注性別、世代與階級這些社會不平等因素，是否影響民眾對節能減碳漲電價政策的支持度。首先，如前幾章所發現的，與生態女性主義者的觀點有些出入，性別對具體減碳政策偏好的影響很複雜，台灣女性受訪者對「因公用事業價格而節能減碳」這一題的回答沒有顯著差異，卻顯著願意「為使用再生能源而付較高電價」，但是又顯著反對採用累進電價。另一方面，這三題的世代差異也都不太顯著，僅能發現中壯年比較支持累進電價；真正較有影響的因素則是階級，雇主與自營作業者較反對「因公用事業價格而節能減碳」、雇主特別反對「為使用再生能源而付較高電價」，失業人士則反對「採用累進電價」；其中資方反對漲電價的立場的確是比較一致的。

接著我們分析民眾對核電與綠能的支持與反對態度，討論順序同樣是從黨派、風險感知、社會資本到社會不平等（請參考表 5-2 上的迴歸係數與顯著程度）。針對非核家園政策與綠能產業的支持，泛綠選民與泛藍選民的壁壘分明，與中間選民對照，前者迴歸係數顯著正向，反核且支持綠能；後者迴歸係數顯著負向，既擁核又不支持綠能。

在氣候變遷風險感知與社會資本方面，認為產業過度使用石油或煤礦是造成氣候暖化的主因，全球暖化會對台灣造成災難性影響者，會明顯提高其支持非核家園與綠能產業的勝算比。曾是環保團體成員或參加過反核活動者也有相同的正向顯著效果，以上都符合理論預期與國際研究文獻的結果。

再者，我們發現與女性對漲電價的複雜態度相反，女性在支持非核家園與綠能產業上的態度相當則顯著明確。與過去的研究發現有點不同的是，年齡在民眾對核電與綠能的態度上沒有明顯的作用。反之，階級在支持非核家園上作用很大，屬於工人階級與自營作業者的民眾特別顯著支持非核家園。而教育程度越高的民眾相對比較擁核，但階級位置對綠能產業的偏好沒有影響。由於台灣的農工階級通常比較偏向泛綠（林宗弘、胡克威 2012），軍公教偏向泛藍，此結果或許可以視為黨派與階級交互作用下，塑造了反核與擁核兩陣營的階級結構。

（三）台灣民眾對高耗能產業管制態度的分析結果

跟隨上一節對能源與電價政策的分析順序，接下來我們將探討台灣民眾對高耗能產業管制與企業加稅的支持態度。根據表 5-3 的統計結果，可以發現在管制資本的民意態度上，黨派立場效果減弱了。針對是否支持政府管制高耗能產業，首先，藍綠或中間選民並沒有顯著差異。其次，認為產業過度使用石油或煤礦是造成氣候暖化的主因、全球暖化會對台灣造成災難性影響者，會明顯提高其支持政府管制高耗能產業的勝算比。然而有參加環保團體或反核運動者倒沒有比較更明確支持管制。第三，女性與雇主特別不支持政府管制高耗能產業。電價或能源政策的民意態度，隨著過去五年的公投有波浪狀的年度起伏，然而管制高耗能產業這一題的受訪者回答情況，在各個年度之間沒有顯著差異。

最後，本章討論民眾是否支持「企業為了配合減碳而加稅」，在黨派立場方面，泛綠選民顯著比較支持對企業加稅，泛藍選民則與中間選民沒有顯著差異。在風險感知方面，認為產業過度使用石油或煤礦是造成氣候暖化的主因、全球暖化會對台灣造成災難性影響者，會顯著支持對企業加稅。此外，曾是環保團體成員或參加過反核活動者也支持對企業加稅。再者，性別對此議題沒有顯著影響，但中壯年世代比年長或年輕世代更支持對企業加稅，高教育程度與高所得者比較支持加稅，整個統計結果裡，最顯著抗拒企業加稅的就是雇主。這個統計結果顯示，企業主抵制為了減碳而課徵企業稅費的態度相當強烈。同樣值得關注的是，其他民眾支持對企業加稅的機率，逐年快速上升，顯示民眾也可能將溫室氣體排放的責任歸因於高耗能的大型企業。

六、小結

從能源生產端與消費端來看，能源產業是直接碳排放的生產者、其他高耗能產業是能源消費的間接排放者，民意如何看待能源產業政策如電價與核電、綠能的發展，或民眾是否支持管制高耗能產業或提高跟排碳有關的企業稅費，將會影響國家推動能源政策與管制高耗能產業的政策方向與落實程度。

本章首先梳理國際上的能源政治文獻，獲得五方面的啟發：首先，學界必須整合跨學門、跨能源的視野與資料，才能完整理解各種能源在國際與國內政治、經濟與社會因素交互作用下的發展。其次，國內能源政治與全球能源政治場域密切相關，必須留意國際外生因素對民意的影響。以台灣來說，福島核災與俄烏戰爭都是影響國內民意之能源偏好的外生衝擊。第三，民主國家的國內政治與社會因素，會顯著影響能源政策的績效，例如黨派政治或社會運動，可以改變民意對核電、天然氣、其他化石能源與各種綠能的偏好，同時應注意民眾的風險感知、公民社會參與以及社會不平等所造成的影響。第四，能源領域涉及高耗能產業的全球與國內供應鏈，因此減碳政策必須透過 CSR 或 ESG 等制度設計或碳稅費來改變廠商行為，也會造成既得利益者或資方的反抗。第五，氣候變遷的衝擊導致民眾風險感知提高，會塑造民眾對能源或產業政策的態度。

透過前述的國際文獻探討，本文回顧台灣能源結構的變化，可能受到國際外生因素影響，但也受到國內民意與社會運動的左右，特別是反核運動與環保組織經常與泛綠政黨合作，泛藍政黨則支持擁核公投陣營，構成了黨派政治對能源政策偏好歷久不衰的影響力。這是本章要測試的第一個假設：選民的黨派立場決定其對能源減碳政策的支持程度，以及偏好政府支持核電或綠能。研究結果顯示，泛綠選民比較支持為了節能減碳漲電價、使用較貴的再生能源或累進電價，贊成政府補助綠能產業、也同時支持非核家園、希望對企業排碳加稅；相反地，泛藍選民不認同以任何減碳的理由調漲電價，擁核且不太支持政府發展綠能。

本章跟隨先前的假設，認為氣候變遷風險感知會影響民眾的能源與租稅政策偏好，統計結果發現確實是如此。認為氣候變遷來自使用化石燃料排碳，而且會導致氣候災害的高風險感知民眾，幾乎在所有方面都支持友善環境的能源與租稅政策，通常也不支持核電；因此，我們建議政府與公民社會應設法持續提升民眾對氣候變遷與災害的風險感知，以較正確的知識來取代假訊息。

本章也研究發現公民社會參與可以提高民眾對減碳相關能源政策的支持程度。參與環保組織或反核運動者，雖然在少數模型裡未達統計顯著水準，但大致上會比較支持使用比較貴的再生能源，希望政府推動綠能產業，而且支持向排碳的企業加稅。針對如何協助公民社會獲得與推廣能源政策資訊和專業知識，在我們撰寫的相關研究計畫成果報告書中，亦曾提出以下七點相對應之政策建議，包括：可運用鼓勵的方式促進全民參與綠能發展、致力提升民眾氣候危機與防災意識、藉助公民社會包括宗教組織等推動節能減碳的具體行動、由社區大學開設 2050 淨零路徑相關課程、善用已有的成功案例推廣節能減碳、鼓勵設置公民電廠、以及擴大公民團體參與能源轉型之各種評比與獎勵，這七種結合公民社會參與淨零路徑的具體策略，皆是相當值得政府部門未來持續努力的方向（蕭新煌等 2017）。

在社會不平等的影響方面，雖然理論上弱勢者可能無法承受能源或電價上漲的後果，或高耗能產業的員工可能會抵抗對產業的管制政策，但是這個假設並無法明確獲得驗證，實際的民意遠為複雜。其中階級是比較有一致性的變量，雇主雖然對發展核電或綠能沒有明確意見，但是顯著反對電價上漲、反對管制高耗能產業、反對向排碳企業課稅費；自營作業者也反對公用事業為了減碳而漲價，但台灣的特殊政治脈絡，使得自營作業者與工人階級都比較支持非核家園政策，反核一方也比較支持綠能。女性的態度也有一個主要的分歧：女性比較支持為了再生能源漲電價、支持政府發展綠能、支持非核家園，但是反對累進電價與管制高科技產業，較難解釋為何會有這種不一致，我們猜測女性是有較高風險感知而支持綠能並反核，但是在家計方面對電價與物價也比較敏感。至於世代或年齡方面，對能源與電價政策的影響有限，在此無法證實後物質主義假設。

　　社會不平等對能源減碳政策偏好造成複雜且負面的影響。因此，政府與 NGO 組織在推動政策時，應注意弱勢族群的需求、採取具體政策協助或有效宣傳。部分中小企業可能抗拒高耗能產業管制政策或向企業收碳費，但這些企業可能規模太小根本不用負擔碳費。當政府調漲電價時，亦發現女性關注此議題的程度較高，應該特別說明。此外，台灣面對未來少子化、老人照護、弱勢族群的交通與能源貧窮問題，需要借助社會資本提供韌性。民眾因為共同參與活動，一來增進彼此互動網絡的社會資本，且因為處於同一個空間，使用同一個空調系統，減少各自單獨在家使用空調系統的機會，進而避免增加耗電量，應當能夠透過增加社會資本的方式，同時也能減少用電量（蕭新煌等 2017）。

　　「淨零排放」已成為世界各國能源轉型與產業政策的核心政策方向。台灣的實際總排碳量相對集中在能源與高耗能產業，勢必得促使碳排大戶負起企業社會責任。台灣的高耗能產業確實可能有助於經濟發展，或許也有能力負擔 CSR 與 ESG 的成本，企業主抵制碳費對於能源轉型並無助益，唯有隨著國際能源政治發展局勢、國內民意變化與消費者的綠色主張，適時調整企業營運策略，投資於節能減碳降低生產成本與風險，方能促使台灣持續朝淨零社會邁進。

　　國際能源安全議題變幻莫測，在本書民意調查與研究期間，一般民眾也能感受到俄羅斯侵略烏克蘭戰爭所帶來的影響，隨著地緣政治劇變與通貨膨脹的衝擊，歐美各國輿論均開始省思能源轉型與能源安全這兩個目標之間的衝突。在研究台灣的能源政治與社會議題時，也應該將特有的國內外政治脈絡與社會制度納入考量，並掌握複雜的民意動向，或許是讓台灣社會達成淨零目標的關鍵。

第六章

結論：邁向淨零排放之路的社會挑戰與政策建議

一、前言

　　大量科學文獻證實，氣候變遷造成的影響持續惡化，過去十年來，各國陸續提出「2050 淨零排放」的宣示與行動。淨零排放（Net Zero）最早出自 2015 年時各國簽訂的《巴黎協定》，指的是由國家明文約定在 2050 年實現淨零排放，具體策略是使所有人為製造的溫室氣體，包含能源和非能源排放量極小化，再用碳捕捉、森林碳匯等自然機制與科學方式，將溫室氣體儲存或再利用，如此即可將排放量與儲存量相抵而達成「淨零」目標。為呼應全球各國領袖支持淨零轉型的國際趨勢，2021 年 4 月 22 日世界地球日，我國蔡英文總統宣示：「2050 淨零轉型是全世界的目標，也是台灣的目標」，並代表政府承諾，要在一年之內對國際社會與國內民眾提出明確的淨零排放策略。

　　為了實現我國的淨零轉型承諾，2022 年 3 月，行政院國家發展委員會（國發會）正式公布「台灣 2050 淨零排放路徑及策略總說明」（2022），在該文件裡提供至 2050 年淨零轉型之軌跡與行動路徑，以促進台灣學術與產業在關鍵領域之技術、研究與創新，引導社會進行淨零轉型，期盼擴大綠色經濟活動，帶動新一波的經濟成長，同時希望能確保所謂的「公正轉型」。

　　根據國發會（2022）的「台灣 2050 淨零排放路徑及策略總說明」，我國 2050 淨零排放路徑將會以「能源轉型」、「產業轉型」、「生活轉型」、「社會轉型」等四大轉型，及「科技研發」、「氣候法制」這兩大類治理基礎，輔以「十二項關鍵戰略」，針對能源、產業、生活轉型政策制定行動計畫，落實淨零轉型目標。

　　然而，在台灣政府積極推動淨零轉型的同時，對民意的分析嚴重不足。台灣與氣候變遷或減碳政策相關的研究成果，仍分散於不同學門的許多國際與國內期刊論文，而且各個年度與不同研究設計之間，難以串聯起來，以至於尚未形成涵蓋能源、產業、生活與社會轉型四個面向，具有歷史意義的社會科學分析。對關注氣候變遷或永續政策的專家、政治人物、公民團體成員或一般民眾來說，過去的文獻較難提供完整的社會科學觀點與數據，做為實踐上的參考。

民意是否支持政府所提出的各種減碳政策？本書希望提供一個有系統的答案。感謝中央研究院資助，蕭新煌教授所主持的「邁向深度低碳社會之環境意識調查」和林宗弘教授所主持的「全球風險與在地永續性：氣候變遷在台灣研究」，我們得以從 2017 年到 2022 年間，完成四波電話民意調查，得到近四千位民眾回答的問卷結果。前述的淨零轉型政策宣示，正好發生在本書收集台灣減碳民意調查與寫作期間，使我們得以追蹤從溫室氣體減量政策到「淨零轉型」開展的這五年間，民意的關鍵變化，提供即時的研究成果。

二、台灣減碳政策的現實政治與社會民意基礎

我們對民意調查的統計分析發現，在諸多可能影響民眾對減碳政策偏好之接受度的社會因素裡，以六大類變量：受訪民眾的環境意識與風險感知、個人社會經濟條件、公民參與社會資本、性別角色與世代因素、階級與社會排除、以及能源政治或產業利益立場，對民意支持或反對減碳政策，影響較為顯著。

前述的人文社會因素，影響下列五個主要的低碳生活與減碳政策領域的依變量。首先是影響民眾日常生活裡的節能減碳行為，也就是生活轉型。其次是影響民眾為了節能減碳同意政府推動加稅與漲價政策的接受程度，加稅與漲價可以算是社會轉型最重要的政策工具。第三是影響民眾對於低碳交通工具與交通政策的偏好，即永續交通轉型，屬於生活轉型與產業轉型交錯的領域。第四是影響民眾對能源轉型與電價政策的支持程度，也就是最重要的能源轉型。第五是影響民眾對政府管制高耗能產業與對企業加稅的態度，即產業轉型。針對以上的六類自變量與五類依變量，我們將分析結果簡化報告於表 6-1。

前述六大類自變量分別可以回溯自重要的環境社會學理論文獻。我們分析台灣資料後發現：首先，如風險感知等實驗心理學理論所預期的，台灣民眾對氣候變遷造成極端天災的風險感知越強，以及認為使用化石能源

是全球暖化的最重要原因者，較可能為了防止氣候變遷而改變日常生活行為，並且支持為環境保護付出經濟代價。例如贊成政府推動對個人與企業加稅、或對能源使用與企業用電漲價的節能減碳政策。

其次，教育與所得等個人社會經濟條件，經常被用來測量一國生態現代化程度、或是個人的後物質主義價值傾向。我們發現，台灣民眾的教育程度與個人收入高低，不太會顯著改變其日常生活與交通方式上的減碳行為，也就是很少直接影響消費態度與行為，但是會影響其對於國家推動減碳政策的偏好與願付價格。例如，高社會經濟條件的民眾，比較願意政府推動加稅或漲價的相關政策，使自己可以承擔部分減緩氣候變遷的經濟成本而非改變消費習慣。

第三，針對公正轉型所關注的環境成本與風險轉嫁問題，我們也檢討各種社會分歧與不平等是否對減碳政策偏好造成影響，例如台灣的資料發現，女性可能較關心氣候變遷，風險感知顯著高過男性，但是也同樣擔心家庭支出的增加或反對政府管制，其對於各種減碳政策的態度與偏好相當不一致。有鑑於此，台灣女性的民意，並非如生態女性主義者所主張的一面倒向環保態度與減碳政策，而是明顯陷入減少氣候變遷風險、與家計成本增加的兩難處境。

表 6-1　本書針對六種理論之五個不同減碳政策領域的分析結果

理論／領域	日常減碳 (2變量)	交通方式 (汽、機車)	願付成本 (2變量)	能源轉型 (4變量)	產業轉型 (2變量)
環境意識與 風險感知	弱	無關	強＋＋	強＋＋＋＋	強＋＋
個人教育與 所得	無關	高教育與所得 少騎車多開車	高教育與所得 者＋＋	高教育與所得 支持綠能與漲 電價＋＋	高教育與所得 支持企業加稅
階級分化 社會排除	勞工與自雇者 較少日常減碳 行為	雇主與中產較 常開車、工人 多騎機車	自雇者、失業 者、開汽、機 車者較不願漲 價	雇主不願漲電 價	雇主抗拒企業 加稅
性別角色 世代差異	無關	男性與中壯年 就業者多用 汽、機車	女性不願漲 價、高齡願意 加稅、已婚不 願加稅	＋＋＋女性願 意支持綠能、 但不願提高公 用費率	女性反對管制 產業、高齡支 持加稅

表 6-1　本書針對六種理論之五個不同減碳政策領域的分析結果（續）

理論／領域	日常減碳 (2變量)	交通方式 (汽、機車)	願付成本 (2變量)	能源轉型 (4變量)	產業轉型 (2變量)
公民參與 社會資本	強＋＋	無關	強＋＋	強＋＋＋	中＋
黨派立場	無關	泛藍選民較少 步行	泛藍選民不願 漲價	泛綠反核支持 綠能漲電價， 泛藍擁核反漲 電價與綠能	泛綠支持企業 加稅

資料來源：本研究整理。每個+號表示在多個不同依變量的相同自變量模型裡，出現顯著關聯
　　　　　性的模型個數，越多顯著次數代表該自變量越重要。

　　在世代對節能減碳的態度差異方面：從表面上看，理性選擇理論認為
年長世代的理性預期人生時間較短，更偏好獲得眼前物質利益而不在乎未
來的風險，而後物質主義理論也認為經歷經濟起飛時期的年長世代較注重
物質利益；年輕世代則較少考慮溫飽、較注重展現自我與環境品質等後物
質理念（Ingehart 1977），兩者對世代差異的分析似乎沒有不同。然而，本
研究發現這樣的觀點並不可靠，做為家庭收入來源的中壯年齡群可能都會
比較考慮物質現實，反而是高齡世代贊成政府為減碳加稅。對此，我們認
為表面上看似有關世代的淨零轉型政策支持度差異，主要並非來自世代分
岐，而是教育程度與生涯階段考慮家庭開支的結果。總之，性別與世代因
素偶爾會對五個依變量產生顯著影響，但是對整體減碳政策支持度的效果
並不一致，不宜以過於簡化的理論趨勢來解釋。

　　第四，相對於性別或世代差異，階級不平等的影響比較顯著也有一致
性。本研究認為，台灣的階級不平等，尤其是交通弱勢或社會排除的效
果，影響民眾的交通成本與對於節能減碳政策，特別是低碳交通運輸的接
受程度。根據我們的研究調查，台灣民眾的主要交通生活方式區分為三
類：(1) 機車約占半數，(2) 大眾交通工具、自行車或步行，(3) 汽車；後兩
類各占約四分之一，而且開車者所占比例在疫情期間有增加趨勢。第四章
研究發現，資方或中產階級比較傾向開車，而開車者或失業的弱勢者比較
反對為減碳漲價。此外，資本家相當反對調漲電價，也不支持政府對高耗
能企業進行管制或課徵碳稅費。

第五，公民社會參與或社會資本理論認為，民眾的社會參與會影響公共政策態度。跨國研究發現，社會資本與信任通常會顯著提高民眾節能減碳的願付價格。在本研究中，我們也發現曾經加入環保團體或參與反核相關運動，做為衡量與環保理念相關的公民社會資本，的確是影響台灣民眾減碳政策偏好的優良指標；即參加環保團體的成員或參與過反核運動的受訪者，除了在交通工具選擇上沒受到環保理念影響之外，會增加日常生活節能減碳的行為，也多半會顯著支持政府推動的各種能源轉型與減碳政策，他們是重要的淨零轉型社會力。

第六，跟隨歐美社會對民粹主義與氣候變遷否定論的能源政治觀察與分析，我們發現，除了對日常生活減碳行為之效果較不明確外，政黨立場強烈影響選民對各種能源政策的偏好態度。泛綠選民大致上全面支持各種有助於減碳的能源投資與企業管制政策，泛藍選民除了擁護核電之外，也不願意為了鼓勵綠能發展而提高電價。整體來看，擁核民眾相當物質主義，只想用便宜的電、不想培養綠電，也未必考慮氣候風險與核廢料議題；他們是基於缺電的恐慌與成本而傾向支持核電。針對企業加稅議題，在黨派立場方面，泛綠選民顯著比較支持對企業加稅，泛藍選民則與中間選民沒有顯著差異。顯然，藍綠政黨的能源政策立場，是影響未來淨零轉型政策成敗的其中一個重要因素，值得社會科學家進行深入分析、包括探討說服泛藍與中間選民的宣導策略或利益動機，未來也應該注意政黨惡鬥或網路假訊息對減碳政策的攻擊與其對中間選民環境偏好的負面影響，應該促進政府與公民社會的風險溝通、而非一味忽視擁核民眾的關鍵影響力。

三、台灣案例與減碳社會理論的反思

以台灣為例的民意調查，驗證了一部分的環境社會學與政治學理論。針對風險社會理論，我們曾經依據上述文獻將風險分為三種類型：全球風險、人為風險與天災風險，運用台灣社會變遷調查，測試台灣民眾的災害潛勢、人口暴露度、社會脆弱性與社會資本，如何影響主觀評估的風險感知與風險因應行為（林宗弘等 2018）。結果顯示女性對於所有風險感知，包括氣候變遷風險的主觀認知都會較強，有遭遇過氣候災害經驗也會提升其風險感知，然而社會資本與風險主觀感知較無關聯，僅會增加民眾採取風險因應行為的韌性。由過去的研究成果可以得知，民眾的主觀風險感知雖然受災害歷史經驗積累、環境教育內容與政黨傾向影響，但也是一個相當獨立的自變量，值得政府與學界重視。

在有關環境政策偏好的社會科學研究裡，生態現代化理論與生產的苦力磨坊論的爭辯，經常引導出重要的研究假設，例如生態現代化理論或後物質主義從改變消費意義出發，認為以消費者運動來制約政府與廠商是可能的，這就成為「綠色資本主義」或「綠色消費」等理論的基礎。若中產階級消費者認為永續生產與消費更有道德與遠見，就可能說服他們扭轉其消費習慣，在日常生活裡進行節能減碳（Wann 2007）。生產的苦力磨坊論雖然也挑戰消費主義，但認為資本主義大量生產才是環境品質退化的根源，所謂「綠色資本主義」或「綠色消費」則有替財團漂綠的嫌疑。本書第二章已回顧這兩派研究的爭論。

然而，無論是生態現代化理論或生產的苦力磨坊論，都未能測試民眾的日常生活消費減碳行為，與其對國家推動減碳政策的支持程度之關聯。我們在第三章的分析發現，風險感知與社會資本是影響民眾採取日常生活減碳行為的主要因素，勞工與自雇者（在台灣資料裡包括多數農民）比較少在日常生活裡節能減碳。此外，在日常消費生活裡願意改變行為者，通常也願意支持政府加稅或漲價的減碳政策，這些結果似乎偏向生態現代化理論，建議公民團體或政府相關單位，應該針對工農階級民眾，持續推動有關改變日常生活消費與生產行為的宣導。另一方面，在各個階級對淨零轉型政策的態度上，可以發現資方特別反對調漲電價與對企業增稅，也符合生產的苦力磨坊論對資本主義的批判。然而，後物質主義所暗示的世代差異或生態女性主義所認為的性別差異，對台灣民眾的氣候變遷風險感知、日常生活減碳行為與減碳政策偏好，影響比較複雜而且不太一致。

雖然在淨零排放的政策上，交通生活方式的轉型占了一席之地，在過去的社會科學或交通文獻裡，對交通不平等與減碳政策偏好的民意與行為之關聯性，研究成果非常罕見。在第四章，我們發現階級不平等導致交通弱勢或能源貧窮等因素，確實會透過汽車、機車或大眾交通等三類交通生活方式，中介而影響到民眾對政府減碳政策的支持程度。雇主、中產階級與高教育程度者更常開車、農工階級更常騎機車，開車者最不願意接受能源漲價、騎機車者次之。我們進一步分析後認為，交通生活方式不僅是一種個人選擇或社會經濟地位的反映，也是過去政府提供公共交通服務可及性不足的後果；因此，交通減碳不僅應該考慮由政府補貼電動車或電動機車之價格，擴大大眾交通工具路網，特別是軌道運輸系統，應該成為台灣淨零排放公共投資的優先與重要政策方向。

本書第五章探討台灣對能源轉型與高耗能產業轉型的民意態度，從溫室氣體排放量來看，可說是台灣淨零排放的關鍵產業與政策核心。我們認為，國際上的能源政治文獻提供五方面的啟示。首先，學界必須整合跨學門、跨能源的視野與各種資料進行實證分析。其次，國內能源政治與全球能源政治場域密切相關，必須留意國際因素迅速左右民意的變化。第三，民主國家的國內政治與社會因素，例如黨派政治或社會運動，也常會改變民意對核電、天然氣、其他化石能源與各種綠能的偏好，所以應注意民眾的風險感知、公民社會參與以及社會不平等所造成的影響。第四，能源領域涉及高耗能產業的全球與國內供應鏈，因此減碳政策必須透過 CSR 或 ESG 等制度設計或碳稅費來改變廠商行為，但也可能造成既得利益者或資方的反抗。第五，氣候變遷的衝擊導致民眾風險感知提高，會塑造民眾對能源或產業政策的態度。本書的民意調查分析發現選民的黨派立場，會決定其對能源減碳政策的支持程度，泛綠選民比較支持為了節能減碳漲電價、使用較貴的再生能源或累進電價，贊成政府補助綠能產業、非核家園、希望對企業加稅。相反地，泛藍選民不認同以減碳的理由調漲電價，擁核且不太支持政府發展綠能。此外，台灣民眾普遍對於企業加稅採取支持立場，但是對於電費漲價與個人加稅則是出現分歧，顯示民眾還是相當在意減碳政策所可能造成的個人生活負擔，台灣社會要邁向淨零生活仍將面對改變一般民眾消費偏好的挑戰。

從本書所回顧的主要環境社會學理論可以發現，風險社會理論、生態現代化理論與生產的苦力磨坊論的爭辯，往往流於過度鉅觀而脫離在地社會與政治脈絡，無法解釋黨派政治與階級不平等，對推動減碳政策所造成的負面影響。相反地，社會運動理論雖然可以解釋黨派與環保運動及反運動的政治機會結構、資源動員、意義框構、行動者策略的微觀互動與政策產出或運動績效，卻不容易觀察淨零轉型過程裡的整體民意動向。後者亦受到黨派政治與國際局勢影響，在研究設計與資料收集方法的限制之下，減碳社會學的宏觀理論與微觀分析長期不易對話，也很難整合。

本書從全國代表性的多次電話民意調查與量化分析出發，試圖結合本土社會運動分析的成果與長處，同時參考國際文獻裡對民粹主義與氣候變遷否定論的關注，以形成多元解釋與理論整合的框架。我們的主要研究貢獻，是把風險感知、社經條件、黨派政治、公民參與、階級和交通不平等這些重要的社會因素，放進整合性的減碳社會學框架內，以台灣數據進行全面性的本土實證分析。本書所提出的這些重要社會因素，可以做為往後相關研究的控制變量，或是做為其中一些理論觀點而加以延伸、檢驗。例如環保運動與性別之關係、環境政策偏好與社會資本之關係、環保政策偏好之階級差異與公正轉型等，並就此推展未來相關理論分析的關鍵變量，以進行更深入的問卷或研究設計與實證探討。

此外，淨零轉型政策涉及眾多社會科學的相關研究，例如環境工程與公共經濟學，經常利用系統動態模型與國際參數，來估計台灣或其他國家執行減碳政策的可能路徑，然而，評論者常會顧慮環境經濟學模擬碳費或價格，必須要獲得民意支持、或是在願付價格之內才能得到實現。本書提供台灣的社會調查實證結果，讓從事系統模型推估的相關研究，可以在模擬台灣案例的系統動態模型裡進行參數調整。此外，我們也發現黨派政治與公民社會參與，在淨零轉型政策支持上有其關鍵的重要性，值得台灣的環境政治學者注意。至於對從事社會運動研究的同仁來說，本書的四波調查，正好可以做為反核運動或擁核運動、電動機車與反對政策的民意變化之全國調查證據。總之，我們認為開放社會科學的學門邊界，整合多元的理論視野，才能使得淨零轉型的科學探索變得更完善。

四、台灣邁向淨零社會的若干政策建議

在社會科學的跨學門交流之外，本書更要提醒的是，自然科學家所提供的科學分析與風險資訊、日常生活方式的改變、以及淨零路徑所需要的公共投資與民間投資，都必須要靠社會制度與政治過程的運作，才會影響

人類行為。過去 IPCC 的預測與政策建議經常為外界所詬病之處，即是未能整合人文與社會科學，以至於忽略在跨國組織、政府、廠商與公民社會等利益相關者的多層次博弈之下，經濟成本與動機、社會信任與政治結盟等重要的社會因素，在推動減碳政策與淨零路徑上所扮演的關鍵角色。因此，我們將以本書的實證研究成果做為基礎，提出一些現實層面的政策建議。

依據國發會所提出的「十二項關鍵戰略」內容，我們可以把淨零政策分為三大類。第一大類是能源轉型四項戰略：第一、風光電力發展，風電朝大型化與浮動式離岸風機發展；光電透過土地多元化應用擴大設置場域，並汰換更新為新世代高效率光電。其次，推動氫能，以進口綠氫為主要來源，搭配國內再生能源產氫，逐步布建氫能之接收、輸儲等基礎建設及氫能利用系統。第三，發展另類前瞻能源，以基載型地熱與海洋能為重點，帶動相關綠能產業。另外，結合國內資源循環利用與進口料源，研發與擴大生質能使用。第四，重構電網，推動分散式電網並強化電網韌性，提升數位化與彈性，促進系統整合；擴大儲能，發展關鍵技術建構儲能產業。能源轉型主要政策方向，是整合科技創新與綠能及電網投資，但這些戰略涉及民眾對能源政策的理解、在地社區的態度、既得利益團體的抗拒、與黨派政治介入的後果。

在第二大類產業政策推動上，包含另外四個關鍵戰略：第五，推動節能科技，提高能源使用效率，加速高效率設備使用與汰換。第六，研發碳捕捉利用及封存技術（CCUS）。第七，發展電動車與上下游相關產業，依技術成熟度，設定機車、小客車與大客車未來市占比目標，並整合儲能、充電樁、建築充電安全等科技與基礎建設。第八，循環經濟，以「綠色設計源頭減量」、「能資源化再利用」、「暢通循環網絡」、「創新技術與制度」為四大推動策略。這四項政策主要是針對大型溫室氣體排放廠商與產業，以及廢棄物減量與回收。然而，在交通系統的整體基礎建設投資方面，僅著力在私人運具發展似乎是個偏頗的方向，應該考慮整合軌道、電動汽、機車與高齡化社會的行人無障礙需求。

國發會的第三類戰略主要繼承過去的自然生態保育運動與綠色消費訴求，也就是生活與社會轉型。第九項關鍵戰略是擴大自然碳匯，規劃森林、土壤及海洋等三大碳匯潛力領域實踐自然碳匯路徑。第十項戰略是推廣「淨零綠生活」，包括食、衣、住、行、育、樂、購等各面向，發展共享商業與永續消費。十一，創建綠色金融，引導資金投入綠色及永續發展領域，改變廠商行為。最後是十二，追求公正轉型，打造具公正性與包容性的轉型機制，追求多元政策目標平衡、社會公平與利害關係包容性。

從本書的論述來看，前述的淨零轉型戰略，有一些值得商榷之處。首先，面對氣候變遷否定論或民粹主義抗爭，能源轉型顯然缺乏完善且明確的公共溝通策略。本書發現民眾對氣候變遷風險感知顯著提升其減碳政策偏好。氣候變遷知識與風險感知，雖然受到性別或社會經濟地位影響，仍是一個長期積累的自主因素，顯示環境教育、公民參與及風險溝通，長期推動之下會提升民眾保護環境的願付價格。反過來說，雖然氣候變遷的否定論、以及與其相關的民粹主義黨派，在台灣未能形成反對減碳政策的重要勢力，若是忽略政府與公民社會的風險溝通，黨派惡鬥仍會使減碳政策備受阻撓，例如在野黨攻擊綠電政策圖利特定集團或官員貪腐、或是擁核派所刻意忽略的核廢料儲存風險、或是天然氣接收站的生態破壞等議題，可能透過假訊息擴大影響力而阻礙淨零轉型。

舉例而言，在台灣，雖然國民黨長期傾向支持核電，近年來推動「以核養綠」訴求者是傳統藍綠黨派之外的非主流政治人物，而對抗天然氣接收站、或是反對太陽能發電設施、甚至呼籲多蓋核電廠的民粹政客，所提出違反科學證據，或現實中還難以達成的能源政策主張，已經算是刻意傳播假訊息來煽動民意攻擊淨零政策，與西方民粹主義類似的政治極化與動員策略值得關注。總之，支持淨零政策的一方，應該強調氣候變遷風險感知與環境教育，針對民粹論述予以正確資訊說明、積極反駁各種關於能源的假訊息，以免相關轉型政策夭折。

其次，公民社會或所謂社會資本的影響力非常重要，民間環保團體是公正轉型相關政策的組織主力。我們發現公民社會參與能夠改變日常生活消費行為，日常生活消費習慣改變同時也會影響減碳政策偏好，使民眾更加支持綠能、提高電價與管制高耗能產業。因此，若要說服民眾改變日常生活的消費行為，其中一種方式就是透過公民社會組織或網絡的參與來執行，例如利用數位科技連結既存的長照社區機構據點、防災社區、大型宗教或公益團體、各種民間協會、同業公會或工會組織，乃至於親近自然的生態與環保團體、登山休閒社團等。當這些社團協助推動有關日常生活節能的活動時，也可能會對推動政府加稅與漲價等減碳政策、對淨零轉型獲得民意支持有所助益。

相反地，從過去五年裡的民意動向可以發現，公民投票發動者的動機複雜，主要仍是朝野政黨競爭與黨派動員的結果，往往造成論述過於簡化與黨派立場極化，導致有利於民粹主義或極端意識形態的傳播，而非理性的公共討論。我們因此主張，對公民投票在環境政策上的影響，應該要謹慎對待並繼續研究。

第三，社會不平等的存在與惡化，例如階級分化，可能會影響淨零轉型的政策支持度。因此，我們認為所謂「公正轉型」之論述與政策，確實值得特別重視。例如，研究發現民眾的教育與收入會影響願付價格，具有較高社會經濟條件者，有能力也願意承擔更多有關減碳的稅費。反過來說，中下階級與貧困的民眾也可能由於無法負擔能源與交通成本，難以改變日常生活的消費習慣，導致其反對減碳政策。其中，階級不平等與交通生活方式是公正轉型的一個重要議題。例如法國提高燃料稅費導致的黃衫軍抗爭、以及台灣限制燃油機車與柴油貨車的相關政策遭到抵制，都是能源轉型配套措施顧慮不夠充分導致對收入分配後果反彈的案例。除了補貼消費者購買電動私人運具與其營運的基礎設施之外，本書也建議交通與經濟部會應該整合交通與產業規劃，發展公共交通與電動運具接軌的智慧交通系統，其中政府應該持續擴大軌道運輸的公共投資、減少交通不平等。

最後，從溫室氣體排放責任來看，能源轉型與管制高耗能產業是台灣減碳政策的關鍵。然而能源政策涉及的國際經濟與政治因素相當複雜，具有高度不確定性。例如，在 2022 年的俄烏戰爭爆發之後，歐洲國家開始反思淨零轉型過程中，西方過度依賴俄羅斯天然氣的政治後果，與此類似地，台灣也需要顧慮地緣政治變遷、國防與能源安全因素的影響。尋求國家安全，應該成為台灣未來能源轉型的目標之一；除了在天然氣發電方面與美國、澳洲等盟國合作之外，加速發展綠能應該可以提升能源安全，也可以用來說服民眾支持政策。在國內因素方面，除了要注意高耗能產業與財團既得利益者的反對之外，能源轉型不僅依賴專家意見，也應該尋求黨派共識，使台灣社會在能源轉型與產業發展之間求得平衡過渡，減少左右兩派民粹主義操弄假訊息與民意風向的機會。

　　從台灣過去環保抗爭到日常生活轉型的經驗來看，過去半個世紀以來環境價值與行為從無到有，並且進入主流的政治議程，我們或許可以抱持樂觀的預期，雖然期間的政策爭議與環境及發展之間的權衡在所難免，當國家政策受到挑戰時，風險溝通與審議民主對話，對於公民社會形成政策共識非常重要。政府可以透過研究機構與大學、民間團體提供正確資訊、協助減碳政策推廣、減少民粹政治人物和團體以假訊息引導輿論的機會。另一方面，也應該透過網路傳播提高民眾對氣候變遷的風險感知、促使公民社會積極支持日常生活轉型與淨零政策。總之，光靠科學與技術未必能說服民眾支持國家的淨零政策，減碳社會學的民意調查發現，提供了淨零生活轉型未來發展方向的社會路標。

參考書目

一、中文部分

工商時報，2022，〈歐議會通過核能為綠能 經濟部回應了〉。取自 https://ctee.com.tw/news/policy/674032.html，檢索日期：2023 年 5 月 24 日。

內政部警政署，2019，〈道路交通事故肇事件數——按車種別，「內政部警政署全球資訊網」〉。取自 https://ba.npa.gov.tw/npa/stmain.jsp?sys=100&kind=10&type=1&funid=q060102，檢索日期：2020 年 2 月 7 日。

————，2020，〈歷史交通事故資料，「內政部警政署全球資訊網」〉。取自 https://www.npa.gov.tw/ch/app/data/list?module=wg074&id=2302，檢索日期：2020 年 9 月 25 日。

王永慈，2001，〈「社會排除」：貧窮概念的再詮釋〉。《社區發展季刊》95: 72-84。

王衍、孫楊，2015，〈李成：中國大陸中產階級或已達 3 億〉。取自 https://news.cnyes.com/news/id/405409，檢索日期：2021 年 10 月 22 日。

王寶貫、蕭代基，2023，《淨零之路：台灣的雙贏策略》，台北：中央研究院環境變遷研究中心。

台北大眾捷運股份有限公司，2019，〈臺北都會區大眾捷運系統車站點位圖，「政府資料開放平台」〉。取自 https://data.gov.tw/dataset/61474，檢索日期：2019 年 5 月 1 日。

台灣主婦聯盟生活消費合作社，2015，《菜籃子革命》，新北：廣場。

石慧瑩，2018，〈環境正義理念的發展脈絡〉。《哲學與文化》45(5): 163-178。

交通部，2019，〈107 年度施政績效報告，「中華民國交通部」〉。取自 https://www.motc.gov.tw/ch/home.jsp?id=15&parentpath=0,2&qclass=201112230002，檢索日期：2020 年 5 月 20 日。

————，2020，〈108 年度施政績效報告，「中華民國交通部」〉。取自 https://www.motc.gov.tw/ch/home.jsp?id=15&parentpath=0,2&qclass=201112230002，檢索日期：2020 年 5 月 20 日。

————，2021，〈109 年民眾日常使用運具狀況調查摘要分析，「中華民國交通部」〉。取自 https://www.motc.gov.tw/uploaddowndoc?file=survey/202104261427470.pdf&filedisplay=202104261427470.pdf&flag=doc，檢索日期：2021 年 9 月 29 日。

交通部公路總局，2020，〈統計查詢網（機動車輛登記數），「交通部公路總局」〉。取自 https://stat.thb.gov.tw/hb01/webMain.aspx?sys=100&funid=defjsp，檢索日期：2020 年 9 月 25 日。

交通部運輸研究所，2019，〈運輸安全網站資料系統，「交通部運輸研究所」〉。取自 http://talas-pub.iot.gov.tw/WebMap.aspx，檢索日期：2019 年 5 月 31 日。

————，2020，〈2020 年版運輸政策白皮書，「交通部運輸研究所」〉。取自 https://www.iot.gov.tw/cp-78-200080-7609f-1.html，檢索日期：2020 年 2 月 7 日。

交通部台灣鐵路管理局，2019，〈車站基本資料集，「政府資料開放平台」〉。取自 https://data.gov.tw/dataset/33425，檢索日期：2019 年 4 月 10 日。

地球公民基金會，2019，〈台灣面對氣候變遷的五大減碳方案〉，《台灣面對氣候變遷的五大減碳方案》。取自 https://www.cet-taiwan.org/node/3610，檢索日期：2020 年 11 月 5 日。

朱柔若、孫碧霞，2008，〈對抗、社會排除：歐盟政策檢討〉。《國家與社會》5: 99-137。

朱瑞玲、楊淑雯，2013，〈臺灣民眾的利環境態度與行為：價值觀與罪感的影響〉。《環境教育研究》9 (2): 91-129。

行政院，2017，〈前瞻基礎建設已核定計畫，「行政院」〉。取自 https://www.ey.gov.tw/achievement/CD3F697F8A501591，檢索日期：2019 年 5 月 28 日。

———，2019，〈前瞻基礎建設計畫——軌道建設，「行政院」〉。取自 https://www.ey.gov.tw/Page/5A8A0CB5B41DA11E/daa0fa4a-46c7-4b7c-8b52-3520300f8d43，檢索日期：2021 年 4 月 1 日。

行政院主計總處，〈2017，106 年人力運用調查報告，「行政院主計總處」〉。取自 https://www.dgbas.gov.tw/ct.asp?xItem=42052&ctNode=5624&mp=1，檢索日期：2019 年 6 月 1 日。

行政院環境保護署，2020，〈溫室氣體排放統計〉，《國家通訊》。取自 https://www.epa.gov.tw/Page/81825C40725F211C/6a1ad12a-4903-4b78-b246-8709e7f00c2b，檢索日期：2020 年 10 月 29 日。

何明修，2006，《綠色民主：台灣環境運動的研究》，台北：群學。

余宗龍、李永祥，2013，〈計畫行為理論於運動比賽現場觀賞研究領域之應用〉。《中華體育季刊》27(4): 297-307。

吳健生、蕭羽媛、蘇殷甲，2011，〈應用存活分析法於機車紅燈怠速熄火行為之研究〉。《運輸計劃季刊》40(2): 161-183。

吳俊德，2019，〈太陽花學運前網路使用對民眾參與抗議活動的影響〉。《法政學報》28: 13-33。

呂錫民，2019，〈天然氣時代來臨：以車輛燃料為例〉。《中國鑛冶工程學會會刊》63(3): 18-28。

———，2020，〈東亞運輸氫能化現況與策略〉。《創新與管理》16(2): 69-110。

宋威穎、吳濟華、曹漢文、洪嘉聰，2017，〈高雄市交通型態轉型發展生態交通的困難與挑戰〉。《中國地方自治》70(7): 3-17。

李仕勤、朱珮芸、曾佩如、任雅婷、戴子純、吳清如，2018，〈鐵公路氣候變遷調適行動方案之研究〉。《運輸計劃季刊》47(4): 245-270。

李育琴，2004，〈環保問題就是階級問題！〉。取自 https://e-info.org.tw/node/111812，檢索日期：2021 年 10 月 12 日。

李坤城，2020，〈你投的是「擁核」還是「廢核」？從關聯性分析初探「以核養綠」公投通過的原因〉。《中國行政評論》26(2): 1-25。

李明，2013，〈藝人現象在反核運動中幾點社會思考〉。《新社會政策》27: 28-29。

李易駿，2006，〈社會排除：流行或挑戰〉。《社會政策與社會工作學刊》10(1): 1-47。

———，2007，〈台灣社會排除人口之推估〉。《人口學刊》35: 75-112。

李欣芳，2021，〈國際氣候變遷表現指標 最新資料：台灣排名 60 倒數第 5〉。取自
　　https://news.ltn.com.tw/news/politics/breakingnews/3730583，檢索日期：2023 年 5 月
　　8 日。

李欣輯、楊惠萱、廖楷民、蕭代基，2009，〈水災社會脆弱性指標之建立〉。《建築與規劃
　　學報》10(3): 163-182。

李堅明、洪悅容、謝亞廷、陳贊宇，2019，〈低碳生活實踐模式之研究──建構負碳商品
　　與個人碳交易商業模式〉。《企業管理學報》44(4): 27-56。

李蘇竣，2022，〈溫室氣體排放量盤查 近 5 年登錄統計電力業占比最高、半導體業成長
　　最多〉。取自 https://e-info.org.tw/node/231467，檢索日期：2023 年 6 月 2 日。

沈盛達、邱弘毅，2014，〈影響綠色大學教職員採取環保行為意願之因素以台灣北部某大
　　學為例〉。《設計學研究》17(1): 71-90。

周桂田，2003，〈從「全球化風險」到「全球在地化風險」之研究進路：對貝克理論的批
　　判思考〉。《台灣社會學刊》31: 153-188。

────，2004，〈獨大的科學理性與隱沒（默）的社會理性之對話──在地公眾、科學
　　專家與國家的風險文化探討〉。《台灣社會研究》56: 1-63。

────，2017，《氣候變遷社會學：高碳社會及其轉型挑戰》，台北：國立台灣大學出版
　　中心。

周榮昌、陳志成、吳萍樺，2008，〈不同道路定價方案下私人運具通勤者運具選擇行為之
　　研究〉。《中國土木水利工程學刊》20(2): 229-239。

林子倫、徐幸瑜，2017，〈建構以在地民眾需求為導向的低碳城市──澎湖低碳島之經驗
　　分析〉。《國土及公共治理》5(2): 18-31。

林文正、林宗弘，2020，〈韓流與柯粉：台灣民粹政治的社會起源〉。頁 91-140，收錄於
　　蕭新煌、楊文山、尹寶珊、鄭宏泰編，《香港與台灣的社會政治新動向》。香港：香
　　港中文大學香港亞太研究所。

────，2022，〈民粹主義的衰退：香港因素對台灣總統選舉的影響〉。頁 77-119，收
　　錄於蕭新煌、陳志柔、鄭宏泰編，《2020 中國效應》。香港：香港中文大學香港亞太
　　研究所。

林羽彤，2022，〈鋼鐵、水泥業要淨零碳排不是癡人說夢！如何一洗地球上最「髒」行業
　　之罪名？〉。取自 https://buzzorange.com/techorange/2022/06/13/cement-and-steel-net-
　　zero/，檢索日期：2023 年 5 月 23 日。

林宗弘，2009，〈台灣的後工業化：階級結構的轉型與社會不平等，1992-2007〉。《台灣
　　社會學刊》43: 93-158。

────，2012，〈非關上網？台灣的數位落差與網路使用的社會後果〉。《台灣社會學
　　刊》24: 55-97。

────，2015，〈再探台灣的世代政治：交叉分類隨機效應模型的應用〉。《人文及社會
　　科學集刊》27(2): 395-436。

────，2023，林宗弘專欄：天然氣時代的台灣能源安全與地緣政治，《新新聞》，取自
　　https://www.storm.mg/article4747473，檢索日期：2023 年 5 月 23 日。

林宗弘、胡克威，2011，〈愛恨 ECFA：兩岸貿易與台灣的階級政治〉。《思與言》49(3)：95-134。

林宗弘、蕭新煌、許耿銘，2018，〈邁向世界風險社會？台灣民眾的社會資本、風險感知與風險因應行為〉。《調查研究——方法與應用》40: 127-166。

林宗弘、張宜君、李俊穎，2022，〈再探臺灣階級與世代的收入差異，1990-2020〉。《臺灣經濟預測與政策》53(1): 41-78。

林宗弘、許耿銘、李俊穎，2021，〈移動的階級不平等：臺灣民眾的交通弱勢與交通事故風險初探〉。《調查研究——方法與應用》47: 113-166。

林宗弘、許耿銘、蕭新煌，2023，〈從機車到捷運：台灣民眾的交通不平等、交通生活方式與減碳政策偏好〉。《都市與計劃》50(4): 113-166。

林裕強、李俊毅，2013，〈誰是目標客群？探討休閒農場遊客對低碳旅遊之願付價格及影響因素〉。《觀光休閒學報》19(1): 29-53。

林燕如，2022，〈礦業法及亞泥爭議大事紀〉。取自 https://ourisland.pts.org.tw/content/9332，檢索日期：2023 年 5 月 8 日。

洪永泰，2001，《戶中選樣之研究》，台北：五南。

洪志銘，2022，〈應重視碳稅（費）對通膨與實質所得的影響〉。《經濟前瞻》199: 35-39。

洪鴻智、陳令韡，2012，〈颱洪災害之整合性脆弱度評估——大甲溪流域之應用〉。《地理學報》(65): 79-96。

紀駿傑、蕭新煌，2003，〈當前台灣環境正義的社會基礎〉。《國家政策季刊》2(3): 169-180。

范麗娟、陳翠臻、莊曉霞，2013，〈真正的弱勢——偏鄉地區原住民族老人之探討〉。《研究臺灣》8: 79-99。

風傳媒主筆室，2022，〈風評：當歐盟把核電列為綠能之後，台灣該如何面對？〉。取自 https://www.storm.mg/article/4414197，檢索日期：2023 年 5 月 24 日。

原承君、林翠芳，2017，〈我國民眾對環境公共財及環境政策偏好之探討〉。《財稅研究》46(3): 101-127。

徐美苓，2014，《新興環境議題的媒體訊息設計與公民參與：以再生能源為例》。計畫編號：MOST103-2410-H004-183-MY3，台北：中華民國行政院科技部。

徐美苓、施琮仁，2015，〈氣候變遷相關政策民意支持的多元面貌〉。《中華傳播學刊》28: 239-278。

桃園大眾捷運股份有限公司，2019，〈桃園捷運路線車站基本資料，「政府資料開放平台」〉。取自 https://data.gov.tw/dataset/46315，檢索日期：2019 年 6 月 18 日。

殷志偉、劉正，2020，〈非核家園的民眾意向：網路輿論的大數據分析〉。《選舉研究》27(2): 49-92。

財團法人中鼎教育基金會、財團法人台灣永續能源研究基金會，2020，〈2020 台灣電力使用與能源轉型民意調查〉。取自 http://www.ctcief.org/page.aspx?SID=632，檢索日期：2021 年 6 月 27 日。

財團法人中鼎教育基金會、財團法人台灣永續能源研究基金會、台灣企業永續研訓中心，2018，〈2018 台灣電力使用與能源轉型民意調查〉。取自 https://taise.org.tw/about.php?ID=17，檢索日期：2021 年 6 月 27 日。

———，2019，〈2019 台灣電力使用與能源轉型民意調查〉。取自 https://taise.org.tw/news-view.php?ID=1531，檢索日期：2021 年 6 月 27 日。

財團法人台灣永續能源研究基金會，2018，〈2018 氣候變遷與能源民意調查〉。取自 https://taise.org.tw/userfiles/files/Trend/2018%E6%B0%91%E8%AA%BF%E6%89%8B%E5%86%8A%E7%B7%9A%E4%B8%8A%E7%89%88.pdf，檢索日期：2021 年 6 月 27 日。

高雄大眾捷運股份有限公司，2019，〈高雄捷運路線車站基本資料，「政府資料開放平台」〉。取自 https://data.gov.tw/dataset/47098，檢索日期：2019 年 5 月 15 日。

高雄市政府交通局，2017，〈2017 生態交通全球在高雄，「高雄市政府交通局」〉。取自 https://www.tbkc.gov.tw/upload/WebList/295/456d79c5-eaac-472d-abc7-2adf415ded73/AllFiles/ 生態交通全球盛典 .pdf，檢索日期：2019 年 4 月 8 日。

國家發展委員會，2020，〈前瞻 2.0 建設超前部署　強化數位建設及 5G 發展，「中華民國國家發展委員會」〉。取自 https://www.ndc.gov.tw/News_Content.aspx?n=114AAE178CD95D4C&s=DA6FB73F42B845C3，檢索日期：2019 年 5 月 28 日。

康世昊，2013，〈環境前線：環保運動裡的中上階級：草根與資源的對話〉，《綠色公民行動聯盟》。取自 http://www.gcaa.org.tw/post.php?aid=339，檢索日期：2021 年 10 月 13 日。

張育琳、劉俊儒，2018，〈低水電有助於公司績效嗎〉。《管理學報》35(1): 103-136。

張岱屏，2014，〈節能大未來〉，《環境資訊中心》。取自 https://e-info.org.tw/node/100663，檢索日期：2023 年 5 月 30 日。

張哲維、游政哲、陳冠堯、楊晴雯，2016，〈能源環境稅對總體經濟與電力需求之影響〉。《臺灣能源期刊》3(2): 203-216。

張菁芬，2011，〈進入弱勢鄰里實踐反社會排除的行動議題：方法與反思〉。《台灣社區工作與社區研究》1(2): 125-168。

張瑞婷，2021，〈永續金融大躍進！海水退潮時的真實世界——解析歐盟的永續金融揭露規範（Sustainable Finance Disclosure Regulation, \"SFDR\"）與對臺灣企業的影響與建議〉。《內部稽核》114: 10-15。

張瓊文、蕭為元、張益城、謝奇良、李家齊，2016，〈鐵公路系統氣候變遷脆弱度及風險地圖之研究〉。《運輸計劃季刊》45(4): 251-276。

張鐙文、黃東益、李仲彬，2020，〈解構影響臺灣民眾核電政策偏好之關鍵因素：一個整合性架構的初探〉。《公共行政學報》58: 1-54。

梁世武，2014，〈風險認知與核電支持度關聯性之研究：以福島核能事故後台灣民眾對核電的認知與態度為例〉。《行政暨政策學報》58: 45-86。

莊貿捷，2021，〈環保署鎖定全台 287 家企業排碳大戶徵收「碳稅」，鋼鐵業支持、水泥業呼籲配套措施〉。取自 https://www.thenewslens.com/article/160650，檢索日期：2023 年 5 月 24 日。

許耿銘，2014，〈城市氣候風險治理評估指標建構之初探〉。《思與言》52(4): 203-258。

許耿銘、紀駿傑、蕭新煌，2016，〈氣候變遷、世代正義與永續性：概念、指標與政策〉。《臺灣經濟預測與政策》46(2): 259-285。

許耿銘、蕭新煌、林宗弘，2021，〈全球風險與在地永續性：氣候變遷在台灣〉。分支計畫1《台灣社會邁向深度去碳轉型之環境感知研究》（2021-2023年）（計畫編號：AS-SS-110-06）。中央研究院永續科學中心委託研究計畫。

許添本，2003，〈人本交通與綠色交通的發展理念〉。《都市交通》18(3): 41-52。

許嘉猷編，1994，《階級結構與階級意識比較研究論文集》，台北：中央研究院歐美研究所。

陳治綸，2020，〈我國產業低碳化發展現況與轉型初探〉。《經濟研究》20: 47-80。

陳亮全，2005，《水災與土石流風險認知調查執行報告》，台北：國家災害防救科技中心。

陳亮全、郭士筠、周桂田、林子倫、林李耀、林宗弘、洪鴻智，2018，〈氣候變遷災害衝擊之整合性風險治理永續科學計畫〉。《台灣土地研究》21(2): 153-180。

陳俊元，2021，〈綠色債券監理之研究：以國際準則之最新發展為中心〉。《證券市場發展季刊》33(2): 105-152。

陳敏生、陳斐娟，2008，《防災社會經濟面弱勢族群的心理特性分析》。行政院國科會專題研究報告。（編號：DOH97-TD-H-113-97011）

陳淑惠、張靜貞、李欣輯、楊惠萱、鄧傳忠、李香潔、郭彥廉、李洋寧，2010，《莫拉克颱風社會衝擊與復原調查（第一期）》，台北：國家災害防救科技中心。

陳惠萍，2021，〈淨零排放的能源 並非人人都負擔得起？「公正轉型」降低衝擊避免抗爭〉，《陽光伏特家》。取自 https://tw.appledaily.com/forum/20210903/ZRC3BFVOQFHWLAI5RGAYQFX7QI/，檢索日期：2021年10月22日。

陳銘聰，2021，〈中國大陸面對雙碳目標的政策措施研究──基於日本減碳政策的啟示〉。《亞洲政經與和平研究》8: 27-50。

陳慶鍾，2014，〈不存在的環評〉。取自 https://ourisland.pts.org.tw/content/1598，檢索日期：2023年5月4日。

陸德宇，2021，《能源政策偏好之世代差異探索》，國立中山大學政治學研究所碩士學位論文。

曾浴淇、徐進鈺，2015，〈永續發展一個都市政治生態學的批判性視角〉。《地理學報》82: 1-25。

黃孔良、蕭子訓、張耀仁、葛復光，2020，〈能源公投議題對能源資訊暴露及民眾電力技術偏好之影響〉。《臺灣能源期刊》7(1): 79-98。

黃俊儒，2017，〈你唱是什麼科技爭議？台灣反核音樂人傳播的科學知識 民主化意涵〉。《傳播與社會學刊》41: 149-179。

黃帥升，2021，〈歐盟永續金融揭露規範（SFDR）之內涵與衝擊因應〉。《會計研究月刊》427: 72-77。

黃建勳，2016，〈瞭解等於行動？檢驗台灣民眾環境知識、友善環境價值及節能減碳行為〉。《南大社會研究學報》2(1): 59-79。

黃啟峰、潘子欽，2019，〈台灣鋼鐵業能源效率與能源轉型分析〉。《燃燒季刊》105: 73-
　　87。

黃淑娥、溫德生、邱順清，2011，〈溫泉旅遊地環境意識與開發行為之研究：以盧山地區
　　為例〉。《休閒保健》5: 247-262。

黃淑鈴，2015，〈從族群正義到環境論述：達悟反核廢運動者的框架移轉〉。《思與言》
　　53(2): 7-48。

黃榮村、陳寬政，1993，《嘉南地區整合性預警系統之需求特徵、風險知覺與防災經驗調
　　查（二）》。行政院國家科學委員會專題研究計畫成果報告。（編號：NSC82-0414-P-
　　002-018-B）

楊晴雯、張哲維，2020，〈氣候服務與 SDGs 間的距離〉。《經濟前瞻》189: 55-61。

經濟部能源委員會，2004，《源起不滅：台灣能源發展軌跡》，台北：經濟部能源委員會。

葉俊榮、施奕任，2005，〈從學術建構到政策實踐：永續臺灣指標的發展歷程及其對制度
　　運作影響〉。《都市與計劃》32(2): 103-124。

葉祖欽、李易駿，2007，〈促進就業的反社會排除政策英國與法國的比較與分析〉。《國家
　　與社會》3: 63-118。

廖欽福，2018，〈能源稅的美麗新世界——環境能源公課之課徵及其憲法界限〉。《華岡法
　　粹》64: 113-181。

趙望如，2021，〈民眾的環保意識與活動特性認知對「螞蟻森林」參與意願之影響〉。《傳
　　播與發展學報》36: 52-67。

劉宜瑛，2021，《空氣品質對民眾核能偏好之影響——以臺灣兩場公投為例》。台北：國
　　立台灣大學農業經濟學研究所碩士學位論文。

劉哲良，2022，〈碳環境稅費的設計探討〉。《經濟前瞻》199: 119-125。

劉淑惠、淺見泰司，2001，〈台南老街之居民環境意識調查研究〉。《農業經營管理年刊》
　　7: 89-119。

劉淑華，2015，〈公民參與低碳城市建構可行性之研究〉。《中科大學報》2(1): 135-164。

劉華真，2008，〈重新思考「運動軌跡」：台灣、南韓的勞工與環境運動〉。《台灣社會
　　學》16: 1-47。

潘姿吟，2023，〈藍綠選民誰更在乎「這件事」？內閣改組前調查報告出爐〉。取自
　　https://esg.ettoday.net/news/2425985，檢索日期：2023 年 5 月 9 日。

蔡東杰、梁乃懿，2011，〈氣候變遷下的國家主權與國際建制發展：以京都議定書為
　　例〉。《全球政治評論》34(3): 127-144。

鄭一青，2012，〈花蓮人為何要反台泥？〉。取自 https://www.cw.com.tw/
　　article/5034849，檢索日期：2023 年 5 月 9 日。

鄭光峰、蔡定中、李仁耀，2017，〈企業關心企業責任嗎？以獨占市場為例〉。《亞太經濟
　　管理評論》21(1): 65-78。

鄭雅文，1999，〈工運與環保活動的結合〉，《台灣勞工陣線》。取自 https://labor.ngo.tw/
　　labor-comments/political-views/559-2016-10-12-03-36-22，檢索日期：2021 年 10 月
　　21 日。

鄧志松、黃嘉芳、吳親恩，2015，〈環保抗爭與綠黨得票有關嗎？ 2012 年立委選舉政黨票的考察〉。《選舉研究》22(2): 41-69。

蕭新煌，1984，〈本省民眾對環境、環境問題與環境保護的認知〉。《臺灣經濟》94: 12-40。

———，1985，〈環境問題與環境保護：台灣民眾環境態度的分析〉。頁 127-169，收錄於台灣省政府新聞處編，《台灣光復四十年專輯：邁向安定祥和福利社會之路》。台中：台灣省政府新聞處。

———，1986，〈新環境範型與社會變遷：臺灣民眾環境價值的初探〉。《臺灣大學社會學刊》18: 81-134。

———，2000，〈環境與成長的辯論關係：台灣民眾環境意識的轉變：1986-1999〉。頁 123-152，收錄於歐陽嶠暉編，《2000 年民間環保政策白皮書》。台北：桂冠。

———，2001，〈台灣民眾環境意識的轉變：1986-1999〉。頁 103-139，收錄於邊燕杰、涂肇慶、蘇耀昌編，《華人社會的調查研究：方法與發現》。Hong Kong: Oxford University Press.

蕭新煌、尹寶珊，2001，〈華人環境意識：台灣與香港的比較〉。頁 335-372，收錄於劉兆佳、尹寶珊、李明堃、黃紹倫編，《社會轉型與文化變貌：華人社會的比較》。香港：香港中文大學香港亞太研究所。

蕭新煌、紀駿傑，2001，〈推動永續發展的社會力：本土環保 NGO 與民眾之比較〉。《永續臺灣簡訊》3(3): 1-18。

蕭新煌、許耿銘、林宗弘，2017，〈深度減碳，邁向永續社會〉。細部計畫 4.1〈邁向深度低碳社會：社會行為與制度轉型的行動研究〉。子題計畫 1《邁向深度低碳社會之環境意識調查》（2017-2020 年）（計畫編號：AS-KPQ-106-DDPP）。中央研究院委託研究計畫。

賴品瑀，2022，〈沒有循環經濟，哪來淨零排放？產業減碳需要更完整政策〉。取自 https://www.twreporter.org/a/taiwan-2050-net-zero-forum-2，檢索日期：2023 年 5 月 23 日。

環境資訊中心，2010，〈八八風災與暖化意識——語音辨識電話民調發佈〉。取自 http://e-info.org.tw/node/57924，檢索日期：2017 年 9 月 18 日。

———，2017，〈眼花撩亂 15000 種方案 德國人這樣選電力公司〉。取自 http://e-info.org.tw/node/206726，檢索日期：2017 年 10 月 5 日。

謝志誠、何明修，2011，《八輕遊台灣：國光石化的故事》，新北：左岸文化。

謝承憲、馮正民，2016，〈臺灣公路系統之脆弱度與回復力評估〉。《運輸計劃季刊》45(3): 235-250。

謝柏宏，2022，〈水泥業減碳 業界：諸多限制 等待突破〉。取自 https://money.udn.com/money/story/5612/6565079，檢索日期：2023 年 5 月 17 日。

謝錦芳，2022，〈謝錦芳專欄：台商回台投資，半數以上屬高耗能，會引發什麼危機？〉。取自 https://www.storm.mg/article/4662069，檢索日期 2023 年 5 月 9 日。

齋藤幸平，2023，《人類世的「資本論」：決定人類命運的第四條路》，台北：衛城。

簡嘉佑，2023，〈歐盟納核電為綠能 環團不滿提告〉。取自 https://anntw.com/articles/20230418-jo3s，檢索日期：2023 年 5 月 24 日。

蘇昭銘、王張煒、何文基，2015，〈中小型鄉鎮接駁公車之路線設計方法〉。《運輸計劃季刊》44(4): 313-332。

蘇義淵，2020，〈溫室氣體減量及管理法排放額度法律性質與配套措施之研究〉。《中正大學法學集刊》66: 59-120。

二、英文部分

Adey, Peter. 2009. *Mobility*. London: Routledge.

Adger, W. Neil. 2003. "Social Capital, Collective Action, and Adaptation to Climate Change." *Economic Geography* 79(4): 387-404.

Agresti, Alan. 2002. *Categorical Data Analysis*. New York: John Wiley and Sons.

Ajzen, Icek. 1985. "From Intentions to Actions: A Theory of Planned Behavior." Pp. 11-39 in *Action-Control: From Cognition to Behavior*, edited by Julius Kuhl and Jürgen Beckman. Heidelberg, Germany: Springer.

Ajzen, Icek. 1991. "The Theory of Planned Behavior." *Organizational Behavior and Human Decision Processes* 50(2): 179-211.

Ajzen, Icek. 2002. "Constructing a TPB Questionnaire: Conceptual and Methodological Considerations." In *CiteSeerX*, http://www.uni-bielefeld.de/ikg/zick/ajzen%20 construction%20a%20tpb%20questionnaire.pdf. (Date visited: Sept 3, 2016).

Anable, Jillian, Christian Brand, Martino Tran, and Nick Eyre. 2012. "Modelling Transport Energy Demand: A Socio-Technical Approach." *Energy Policy* 41: 125-138.

Andersen, Lars Bo, Peter Schnohr, Marianne Schroll, and Hans Ole Hein. 2000. "All-Cause Mortality Associated with Physical Activity during Leisure Time, Work, Sports, and Cycling to Work." *Archives of Internal Medicine* 160(11): 1621-1628.

Anderson, Daniel R. 2000. "Catastrophe Insurance and Compensation: Remembering Basic Principles." *CPCU Journal* 53(2): 76-89.

Anshelm, J. and Hultman, M. 2014. "A green fatwā? Climate change as a threat to the masculinity of industrial modernity." *NORMA* 9(2): 84-96 Available from: https://doi.org/10.1080/18902138.2014.908627.

Aouadi, Amal, and Sylvain Marsat. 2018. "Do ESG Controversies Matter for Firm Value? Evidence from International Data." *Journal of Business Ethics* 151(4): 1027-1047.

Armingeon, Klaus, and Reto Bürgisser. 2021. "Trade-offs between Redistribution and Environmental Protection: the Role of Information, Ideology, and Self-Interest." *Journal of European Public Policy* 28(4): 489-509. DOI: 10.1080/13501763.2020.1749715.

Atif, M., Hossain, M., Alam, M.S. and Goergen, M. 2021. "Does Board Gender Diversity Affect Renewable Energy Consumption?" *Journal of Corporate Finance* 66: 101665 Available from: https://www.sciencedirect.com/science/article/pii/S0929119920301097.

Audikana, Ander, Vincent Kaufmann, and Marc Antoine Messer. 2015. "Governing the Geneva Tram Network: Making Decisions Without Making Choices." *Journal of Urban Technology* 22(4): 103-124.

Balmaceda, Margarita M. 2021. *Russian Energy Chains: The Remaking of Technopolitics from Siberia to Ukraine to the European Union*. New York: Columbia University Press.

Banister, David. 2008. "The Sustainable Mobility Paradigm." *Transport Policy* 15(2): 73-80.

Banister, David. 2018. *Inequality in Transport*. Oxfordshire: Alexandrine Press.

Baran, Paul A. and Paul Marlor Sweezy. 1966. *Monopoly Capital: An Essay on the American Economic and Social Order*. New York: Monthly Review Press.

Barca, Stefania. 2002. "On Working-Class Environmentalism: A Historical and Transnational Overview." *Interface: a journal for and about social movements* 4(2): 61-80.

Bardazzi, Rossella, Luca Bortolotti, and Maria Grazia Pazienza. 2021. "To Eat and Not to Heat? Energy Poverty and Income Inequality in Italian Regions." *Energy Research and Social Science* 73:101946.

Barnett, Julie and Glynis M. Breakwell. 2001. "Risk Perception and Experience: Hazard Personality Profiles and Individual Differences." *Risk Analysis* 21(1): 171-178.

Bauchinger, Lisa, Anna Reichenberger, Bryonny Goodwin-Hawkins, Jurij Kobal, Mojca Hrabar, and Theresia Oedl-Wieser. 2021. "Developing Sustainable and Flexible Rural-Urban Connectivity through Complementary Mobility Services." *Sustainability* 13(3): 1-23.

Beall, Jo, and Laure-Hélène Piron. 2005. *DFID Social Exclusion Review*. London: London School of Economics and Political Science.

Beck, Ulrich. 1992. "From Industrial Society to the Risk Society." *Theory, Culture and Society* 9(1): 97-123.

Beck, Ulrich. 1998. *World Risk Society*. Cambridge: Polity Press.

Beirao, Gabriela, Cabral, J. 2007. "Understanding Attitudes towards Public Transport and Private Car: A qualitative Study." *Transport Policy* 14(6): 478-489.

Bell, Karen. 2020. *Working-Class Environmentalism: An Agenda for a Just and Fair Transition to Sustainability*. Bristol UK: Palgrave Macmillan.

Berghman, Jos. 1997. "The Resurgence of Poverty and the Struggle against Exclusion: A New Challenge for Social Security in Europe?" *International Social Security Review* 50(1): 3-21.

Buttel, F. H., and Flinn, W. L. 1978. "Social Class and Mass Environmental Beliefs: A Reconsideration." *Environment and Behavior* 10(3): 433-450.

Blake, Donald E. 2001. "Contextual Effects on Environmental Attitudes and Behavior." *Environment and Behavior* 33(5): 708-725.

Bourdieu, Pierre. 1984. *Distinction: A Social Critique of the Judgment of Taste*. Cambridge, Massachusetts: Harvard University Press.

Bunn, Fernando, and Paulo Henrique Trombetta Zannin. 2016. "Assessment of Railway Noise in an Urban Setting." *Applied Acoustics* 104: 16-23.

Bush, S. S. and Clayton, A. 2022. "Facing change: Gender and Climate Change Attitudes Worldwide." *American Political Science Review* 1-18 Available from: https://www.cambridge.org/core/article/facing-change-gender-and-climate-change-attitudes-worldwide/38688C0CA6DF889475FDB52C06DD7FF9

Calland, Richard and India Jane Calland. 2020. "Populism Versus Grassroots Movements." https://drive.google.com/file/d/1chEx2Aewehp1_0nXYnERwUViJI6qR2hi/view. (Date visited: June 3, 2023).

Campaign for Better Transport. 2020. *Covid-19 Recovery: Renewing the Transport System*. London: Campaign for Better Transport.

Cartmel, Fred, and Andy Furlong. 2000. *Youth Unemployment in Rural Areas*. York: Joseph Rowntree Foundation.

Casas, Irene. 2007. "Social Exclusion and the Disabled: An Accessibility Approach." *The Professional Geographer* 59(4): 463-477.

Cass, Noel, Elizabeth Shove, and John Urry. 2005. "Social Exclusion, Mobility and Access." *The Sociological Review* 53(3): 539-555.

Chen, Ching-Fu, and Wen-Tai Lai. 2011. "The Effects of Rational and Habitual Factors on Mode Choice Behaviors in a Motorcycle-Dependent Region: Evidence from Taiwan." *Transport Policy* 18(5): 711-718.

Chen, Cynthia, Don Varley, and Jason Chen. 2011. "What Affects Transit Ridership? A Dynamic Analysis Involving Multiple Factors, Lags and Asymmetric Behavior." *Urban Studies* 48(9): 1893-1908.

Chen, Weidong, and Jingqian Li. 2019. "Who are the Low-Carbon Activists? Analysis of the Influence Mechanism and Group Characteristics of Low-Carbon Behavior in Tianjin, China." *Science of The Total Environment* 683: 729-736.

Chou, Kuei-Tien. 2007. "Global Climate Change as a Globalizational Risk Society – Glocalizational Risk Governance." *Global Change and Sustainable Development* 1(1): 81-89.

Coase, Ronald. 1937. "The Nature of the Firm." *Economica* 4 (16): 386-405.

Cotgrove, Stephen, and Andrew Duff. 1980. "Environmentalism, Middle-Class Radicalism and Politics." *Sociological Review* 28(2): 333-351.

Cotgrove, Stephen, and Andrew Duff. 1981. "Environmentalism, Values, and Social Change." *British Journal of Sociology* 32(1): 92-110.

Currie, Grahama, Tony Richardson, Paul Smyth, Dianne Vella-Brodrick, Julian Hine, Karen Lucas, Janet Stanley, Jenny Morris, Ray Kinnear, John Stanley. 2010. "Investigating Links between Transport Disadvantage, Social Exclusion and Well-Being in Melbourne - Updated Results." *Research in Transportation Economics* 29(1): 287-295.

D'Eaubonne, Francoise. 1974. *Le Féminisme Ou La Mort*. France: P. Horay.

Daggett, C. 2018. "Petro-Masculinity: Fossil Fuels and Authoritarian Desire." *Millennium* 47(1): 5-44 Available from: https://journals.sagepub.com/doi/abs/10.1177/0305829818775817.

Dilley, Maxx, Robert S. Chen, Uwe Deichmann, Arthur L. Lerner-Lam, and Margaret Arnold, Jonathan Agwe, Piet Buys, Oddvar Kjekstad, Bradfield Lyon, and Gregory Yetman. 2005. *Natural Disaster Hotspots: A Global Risk Analysis*. Washington D.C.: The World Bank and Columbia University.

Douenne, Thomas. 2020. "The Vertical and Horizontal Distributive Effects of Energy Taxes: A Case Study of a French Policy." *The Energy Policy* 41(3): 231-253.

Duarte, Fábio, Rodrigo Firmino, and Olga Prestes. 2011. "Learning from Failures: Avoiding Asymmetrical Views of Public Transportation Initiatives in Curitiba." *Journal of Urban Technology* 18(3): 81-100.

Dunlap, Riley E., and Richard York. 2008. "The Globalization of Environmental Concern and the Limits of the Postmaterialist Values Explanation: Evidence from Four Multinational Surveys." *The Sociological Quarterly* 49(3): 529-563.

Duvarci, Yavuz, and Tan Yigitcanlar. 2007. "Integrated Modeling Approach for the Transportation Disadvantaged." *Journal of Urban Planning and Development* 133(3): 188-200.

Duvarci, Yavuz, Tan Yigitcanlar, and Shoshi Mizokami. 2015. "Transportation Disadvantage Impedance Indexing: A Methodological Approach to Reduce Policy Shortcomings." *Journal of Transport Geography* 48: 61-75.

Dzialo, L. 2017. "The feminization of Environmental Responsibility: A Quantitative, Cross-National Analysis." *Environmental Sociology* 3(4): 427-437. Available from: https://doi.org/10.1080/23251042.2017.1327924.

Ehrlich, Paul R. 1968. *The Population Bomb*. New York: Ballantine Books.

Esping-Andersen, Gøsta. 1999. *Social Foundations of Postindustrial Economies*. Oxford: University Press.

Fairbrother, Malcolm, Ingemar Johansson Sevä, and Joakim Kulin. 2019. "Political Trust and the Relationship between Climate Change Beliefs and Support for Fossil Fuel Taxes: Evidence from a Survey of 23 European Countries." *Global Environmental Change* 59: 102003.

Fairbrother, Malcolm. 2019. "When Will People Pay to Pollute? Environmental Taxes, Political Trust and Experimental Evidence from Britain." *British Journal of Political Science* 49(2): 661-682.

Flamm, Bradley. 2009. "The Impacts of Environmental Knowledge and Attitudes on Vehicle Ownership and Use." *Transportation Research Part D: Transport and Environment* 14(4): 272-279.

Fouracre, Phil, Christian Dunkerley, and Geoff Gardner. 2003. "Mass Rapid Transit Systems for Cities in the Developing World." *Transport Reviews* 23(3): 299-310.

Franzen, Axel, and Reto Meyer. 2010. "Environmental Attitudes in Cross-National Perspective: A Multilevel Analysis of the ISSP 1993 and 2000." *European Sociological Review* 26(2):219-234.

Franzen, Axel. 2003. "Environmental Attitudes in International Comparison: An Analysis of the ISSP Surveys 1993 and 2000." *Social Science Quarterly* 84(2): 297-308.

Freedman, Alisa. 2002. "Commuting Gazes: Schoolgirls, Salarymen, and Electric Trains in Tokyo." *The Journal of Transport History* 23(1): 23-36.

Fuller, Sara. 2021. "The Politics of Energy Justice." Pp. 217-232 in *The Oxford Handbook of Energy Politics*, edited by Hancock, Kathleen J. and Allison, Juliann Emmons. New York: Oxford University Press.

Giddens, Anthony. 1991. *Modernity and Self-Identity: Self and Society in the Late Modern Age*. Cambridge: Polity Press.

Gillan, Stuart L., Andrew Koch, and Laura T. Starks. 2021. "Firms and Social Responsibility: A Review of ESG and CSR Research in Corporate Finance." *Journal of Corporate Finance* 66: 101889.

Gorz, André. 1994. *Capitalism, Socialism, Ecology*. London and New York: Verso.

Gospodini, Dr Aspa. 2005. "Urban Development, Redevelopment and Regeneration Encouraged by Transport Infrastructure Projects: The Case Study of 12 European Cities." *European Planning Studies* 13(7): 1083-1111.

Gould, Kenneth A., David N. Pellow, and Allan Schnaiberg. 2004. "Interrogating the Treadmill of Production: Everything You Wanted to Know about the Treadmill but Were Afraid to Ask." *Organization and Environment* 17(3): 296-316.

Grossman, Gene M. and Alan B. Krueger. 1995. "Economic Growth and the Environment." *The Quarterly Journal of Economics* 110(2): 353-377.

Grottera, Carolina, Emilio Lèbre La Rovere, William Wills, and Amaro Olímpio Pereira Jr. 2020. "The Role of Lifestyle Changes in Low-Emissions Development Strategies: An Economy-Wide Assessment for Brazil." *Climate Policy* 20(2): 217-233.

Gupta, M. 2016. "Willingness to Pay for Carbon Tax: A Study of Indian Road Passenger Transport." *Transport Pol* 45: 46-54.

Hancock, Kathleen J., and Juliann Emmons Allison .2021. The Oxford Handbook of Energy Politics (2021; online edn, Oxford Academic, 7 Nov. 2018), https://doi.org/10.1093/oxfordhb/9780190861360.001.0001, accessed 3 July 2023.

Hardin, Garrett. 1968. "The Tragedy of the Commons." *Science* 162 (3859): 1243-1248.

Hassan, Syed Tauseef, Bushra Batool, Bangzhu Zhu, and Irfan Khan. 2022. "Environmental Complexity of Globalization, Education, and Income Inequalities: New Insights of Energy Poverty." *Journal of Cleaner Production* 340: 130735.

Herwangi, Yori, Pradono, Pradono, Syabri, Ibnu, and Kustiwan, Iwan 2017. "Transport Affordability and Motorcycle Ownership in Low-Income Households: Case of Yogyakarta Urbanised Area, Indonesia." Paper presented at the Eastern Asia Societies for Transportation Studies 12th Conference, Ho Chi Minh City, Vietnam, September 18-21.

Hine, Julian, and Fiona Mitchell. 2003. *Transport Disadvantage and Social Exclusion: Exclusionary Mechanisms in Transport in Urban Scotland*. Aldershot: Ashgate.

Hine, Julian, and Margaret Grieco. 2003. "Scatters and Clusters in Time and Space: Implications for Delivering Integrated and Inclusive Transport." *Transport Policy* 10(4): 299-306.

Hines, Jody M., Harold R. Hungerford, and Audrey N. Tomera. 1987. "Analysis and Synthesis of Research on Responsible Environmental Behavior: A Meta-Analysis." *The Journal of Environmental Education* 18(2): 1-8.

Hiselius, Lena Winslott, and Lena Smidfelt Rosqvist. 2016. "Mobility Management Campaigns as Part of the Transition towards Changing Social Norms on Sustainable Travel Behavior." *Journal of Cleaner Production* 123: 34-41.

Ho, Ming-Chou, Daigee Shaw, Shuyeu Lin, Yao-Chu Chiu. 2008. "How Do Disaster Characteristics Influence Risk Perception?" *Risk Analysis* 28(3): 635-643.

Ho, Ming Sho. 2021. "Aiming for Achilles' Heel: A Relational Explanation of the Ascendency of Pro-Nuclear Activism in Taiwan, 2013-2020." *Social Movement Studies* 1-20.

Hsu, Tien-Pen, Chia-Chia Tsai, and Yu-Jui Lin. 2007. "Comparative Analysis of Household Car and Motorcycle Ownership Characteristics." *Journal of the Eastern Asia Society for*

Transportation Studies 7: 105-115.

Huang Jack I.C. 2022. "Nuclear Energy is Officially Included in the European Union's Green Energy: When There is a Dilemma between "Net Zero Carbon Reduction" and "Non-Nuclear Homeland", How Do You Choose?" In *Current Affairs Commentary*, https://crossing.cw.com.tw/article/16595 (Data visited: May 24, 2023).

Hulkkonen, Mira, Tero Mielonen, and Nønne L. Prisle. 2020. "The Atmospheric Impacts of Initiatives Advancing Shifts towards Low-Emission Mobility: A Scoping Review." *Science of The Total Environment* 713: 1-27.

Hungerford, Harold R., and Trudi L. Volk. 1990. "Changing Learner Behavior through Environmental Education." *The Journal of Environmental Education* 21(3): 8-21.

Hunter, Lori M., Alison Hatch, and Aaron Johnson. 2004. "Cross-National Gender Variation in Environmental Behaviors." *Social Science Quarterly* 85(3): 677-694.

IEA. 2020. *World Energy Outlook*. IEA: Paris

Inglehart, Ronald. 1977. *The Silent Revolution: Changing Values and Political Styles Among Western Publics*. Princeton, NJ: Princeton University Press.

———. 1995. "Public Support for Environmental Protection: Objective Problems and Subjective Values in 43 Societies." *PS: Political Science and Politics* 28(1): 57-72.

Inglehart, Ronald and Welzel, Christian. 2005. *Modernization, Cultural Change and Democracy: The Human Development Sequence*. New York: Cambridge University Press.

IPCC. 2023. Climate Change 2023: Synthesis Report. A Report of the Intergovernmental Panel on Climate Change. Contribution of Working Groups I, II and III to the Sixth Assessment Report of the Intergovernmental Panel on Climate Change [Core Writing Team, H. Lee and J. Romero (eds.)]. IPCC: Geneva, Switzerland. (in press)

ISSP Research Group. 2019. "International Social Survey Programme: Environment III - ISSP 2010." https://search.gesis.org/research_data/ZA5500. (Date visited: May 12, 2019).

Jones, Nikoleta, Julian Clark, and Georgia Tripidaki. 2012. "Social Risk Assessment and Social Capital: A Significant Prarameter for the Formation of Climate Change Policies." *The Social Science Journal* 49(1): 33-41.

Jorgenson, Andrew K., and Brett Clark. 2012. "Are the Economy and the Environment Decoupling? A Comparative International Study, 1960-2005." *American Journal of Sociology* 118: 1-44.

Jylhä, Kirsti M. and Kahl Hellmer. 2020. "Right-Wing Populism and Climate Change Denial: The Roles of Exclusionary and Anti-Egalitarian Preferences, Conservative Ideology, and Antiestablishment Attitudes." *Analyses of Social Issues and Public Policy* 20(1): 315-335.

Kaiser, Florian G., Britta Oerke, and Franz X. Bogner. 2007. "Behavior-Based Environmental Attitude: Development of an Instrument for Adolescents." *Journal of Environmental Psychology* 27(3): 242-251.

Kamruzzaman, Md., Julian Hine, and Tan Yigitcanlar. 2015. "Investigating the Link between Carbon Dioxide Emissions and Transport-Related Social Exclusion in Rural Northern Ireland." *International Journal of Environmental Science and Technology* 12(11): 3463-3478.

Kamruzzaman, Md., Tan Yigitcanlar, Jay Yang, and Mohd Afzan Mohamed. 2016. "Measures of Transport-Related Social Exclusion: A Critical Review of the Literature." *Sustainability* 8(7): 696-726.

Kennedy, E.H. & Kmec, J., 2018. "Reinterpreting the Gender Gap in Household Pro-Environmental Behaviour." *Environmental Sociology* 4(3): 299-310. Available from: https://doi.org/10.1080/23251042.2018.1436891.

Kenyon, Susan, Glenn Lyons, and Jackie Rafferty. 2002. "Transport and Social Exclusion: Investigating the Possibility of Promoting Inclusion through Virtual Mobility." *Journal of Transport Geography* 10(3): 207-219.

Kerbo, Harold R. 2006. *Social Stratification and Inequality: Class Conflict in Historical, Comparative, and Global Perspective*. London: Higher education.

Kimura, A.H. 2016b. "Risk Communication Under Post-Feminism: Analysis of Risk Communication Programmes after the Fukushima Nuclear Accident." *Science, Technology and Society* 21 (1): 24-41. Available from: https://journals.sagepub.com/doi/abs/10.1177/0971721815622738.

Klein, Naomi. 2000. *No Logo*. Canada: Vintage Canada.

Knight, Kyle W., and Benjamin L. Messer. 2012. "Environmental Concern in Cross-National Perspective: The Effects of Affluence, Environmental Degradation, and World Society." *Social Science Quarterly* 93(2): 521-537.

Kollmann A., Reichl J., Schneider F. 2012. Who is Willing to Pay for the Environment? An Empirical Analysis of Europeans Willingness to Contribute Monetarily to Environmental Preservation, Draft Paper, submitted to be presented at the 2nd World Congress of the Public Choice societies, 8-11 March 2012.

Kollmuss, Anja, and Julian Agyeman. 2002. "Mind the Gap: Why Do People Act Environmentally and What Are the Barriers to Pro-Environmental Behavior?." *Environmental Education Research* 8(3): 239-260.

Kotavaara, Ossi, Harri Antikainen, and Jarmo Rusanen. 2011. "Urbanization and Transportation in Finland, 1880-1970." *The Journal of Interdisciplinary History* 42(1): 89-109.

Kowalska-Pyzalska, A. 2019. "Do Consumers Want to Pay for Green Electricity? A Case Study from Poland." *Sustainability* 11: 1310, 10.3390/su11051310

Krange, O., Kaltenborn, B.P. and Hultman, M. 2019. "Cool Dudes in Norway: Climate Change Denial among Conservative Norwegian Men." *Environmental Sociology* 5 (1): 1-11 Available from: https://doi.org/10.1080/23251042.2018.1488516.

Kung, Yi-Wen, Sue-Huei Chen. 2012. "Perception of Earthquake Risk in Taiwan: Effects of Gender and Past Earthquake Experience." *Risk Analysis* 32(9): 1535-1546.

Lenoir, René. 1974. *Les Exclus: Un Français Sur Dix*. Paris: Seuil.

Lin, Nan. 2001. *Social Capital: A Theory of Social Structure and Action*. NY: Cambridge University Press.

Lomborg, Bjørn. 2020. *False Alarm: How Climate Change Panic Costs Us Trillions. Hurts the Poor, and Fails to Fix the Planet*. New York: Basic Books.

Longhofer, Wesley, Evan Schofer, Natasha Miric, and David John Frank. 2016. "NGOs, INGOs, and Environmental Policy Reform, 1970-2010." *Social Forces* 94(4): 1743-1768.

Louf, Re´mi, Camille Roth, and Marc Barthélemy. 2014. "Scaling in Transportation Networks." *PLoS One* 9(7): e102007.

Lucas, Karen, and Currie Graham. 2012. "Developing Socially Inclusive Transportation Policy: Transferring the United Kingdom Policy Approach to the State of Victoria?." *Transportation* 39(1): 151-173.

Lucas, Karen, and Kate Pangbourne. 2014. "Assessing the Equity of Carbon Mitigation Policies for Transport in Scotland." *Case Studies on Transport Policy* 2(2): 70-80.

Lucas, Karen. 2006. "Providing Transport for Social Inclusion within a Framework for Environmental Justice in the UK." *Transportation Research Part A: Policy and Practice* 40(10): 801-809.

Lucas, Karen. 2012. "Transport and Social Exclusion: Where Are We Now?." *Transport Policy* 20: 105-113.

Lyons, Glenn. 2004. "Transport and Society." *Transport Reviews* 24(4): 485-509.

Maestre-Andrés, Sara, Stefan Drews, and Jeroen Van den Bergh. 2019. "Perceived Fairness and Public Acceptability of Carbon Pricing: A Review of the Literature." *Climate Policy* 19(9): 1186-1204.

Mattioli, Giulio, Karen Lucas, and Greg Marsden. 2017. "Transport Poverty and Fuel Poverty in the UK: From Analogy to Comparison." *Transport Policy* 59: 93-105.

Martiskainen, M., B. Sovacool, M. Lacey-Barnacle, D. Hopkins, K. Jenkins, N. Simcock, G. Mattioli, S. Bouzarovski. 2020. "New Dimensions of Vulnerability to Energy and Transport Poverty." *Joule* 5: 10.1016/j.joule.2020.11.016

Mayerl, Jochen, and Henning Best. 2018. "Two Worlds of Environmentalism?: Empirical Analyses on the Complex Relationship between Postmaterialism, National Wealth, and Environmental Concern." *Nature and Culture* 13(2): 208-231.

McCright, A. M. 2010. "The Effects of Gender on Climate Change Knowledge and Concern." *American public Popul Environ* 32: 66-87.

McCright, A. M. and Dunlap, R. E., 2011. "Cool dudes: The Denial of Climate Change among Conservative white Males in the United States." *Global Environmental Change* 21 (4): 1163-1172. Available from: https://www.sciencedirect.com/science/article/pii/S095937801100104X.

McDonagh, John. 2006. "Transport Policy Instruments and Transport-Related Social Exclusion in Rural Republic of Ireland." *Journal of Transport Geography* 14(5): 355-366.

Merchant, C. 1981. "Earthcare: Women and the Environment." *Environment: Science and Policy for Sustainable Development* 23(5): 6-40.

Mensah Owusu, Melissa Nursey-Bray, Diane Rudd. 2019. Gendered perception and vulnerability to climate change in urban slum communities in Accra, Ghana. *Regional Environmental Change* 19(1):13-25

Middlemiss, Lucie, Pepa Ambrosio-Albalá, Nick Emmel, Ross Gillard, Jan Gilbertson, Tom Hargreaves, Caroline Mullen, Tony Ryan, Carolyn Snell, and Angela Tod. 2019. "Energy Poverty and Social Relations: A Capabilities Approach." *Energy Research and Social Science* 55: 227-35.

Mol, Arthur P. J. 2001. *Globalization and Environmental Reform: The Ecological Modernization of the Global Economy*. Cambridge, Ma.: MIT Press

Mwambeni, Moses, Wizaso Munthali, and Phenny Mwaanga. 2016. "A Comparative Analysis of the Carbon Footprint of Middle Income and Low Income Households in Two Townships in Ndola, Zambia." *Africa Insight* 45(4): 182-194.

Nakano, R., Miwa, T. and Morikawa, T., 2018. "Comparative Analysis on Citizen's Subjective Responses Related to their Willingness to Pay for Renewable Energy in Japan Using Latent Variables." *Sustainability* 10(7): 2423.

Nguyen, Canh Phuc, and Muhammad Ali Nasir. 2021. "An Inquiry Into the Nexus between Energy Poverty and Income Inequality in the Light of Global Evidence." *Energy Economics* 99: 105289.

Nguyen, Canh Phuc, and Thanh Dinh Su. 2021. "Does Energy Poverty Matter for Gender Inequality? Global Evidence." *Energy for Sustainable Development* 64: 35-45.

Nickelsburg, Jerry, and Saurabh Ahluwalia. 2019. "Faster, Cheaper, Smarter: Trains as a Path to Affordable Housing." *Harvard International Review* 40 (3): 28-29.

Noblet, Caroline L., John Thøgersen, and Mario F. Teisl. 2014. "Who Attempts to Drive Less in New England?" *Transportation Research. Part F: Traffic Psychology and Behaviour* 23: 69-80.

Nordbakke, S. 2002. "Transport Profiles and Lifestyles, TØI Report." https://www.toi.no/getfile. php/132580/Publikasjoner/T%C3%98I%20rapporter/2002/579-2002/sum-579-2002.pdf. (Date visited: May 12, 2019).

Nordhaus, William D. 2013. *The Climate Casino: Risk, Uncertainty, and Economics for a Warming World*. Yale, Connecticut: Yale University Press.

O'Connor, James R. 1998. *Natural Causes: Essays in Ecological Marxism*. Guilford Press.

Ogilvie, David, Matt Egan, Val Hamilton, and Mark Petticrew. 2004. "Promoting Walking and Cycling as An Alternative to Using Cars: Systematic Review." *BMJ* 329(7469): 763.

Organization for Economic Cooperation and Development. 2017. *Income Inequality, Social Inclusion and Mobility*, International Transportation Forum. Paris: Organization for Economic Cooperation and Development.

Oskamp, Stuart. 2000. "A Sustainable Future for Humanity? How can Psychology Help?" *American Psychologist* 55(5): 496-508.

Ostrom, Elinor. 1990. *Governing the Commons: The Evolution of Institutions for Collective Action*. Cambridge: Cambridge University Press.

Osunmuyiwa, O. and Ahlborg, H., 2019. "Inclusiveness by Design? Reviewing Sustainable Electricity Access and Entrepreneurship from a Gnder Perspective." *Energy Research & Social Science* 53: 145-158. Available from: https://www.sciencedirect.com/science/article/pii/S2214629618311204.

Owen, Anne, and John Barrett. 2020. "Reducing Inequality Resulting from UK Low-Carbon Policy." *Climate Policy* 20(10): 1193-1208.

Owusu, Mensah, Melissa Nursey-Bray, and Diane Rudd. 2018. "Gendered Perception and Vulnerability to Climate Change in Urban Slum Communities in Accra, Ghana." *Regional Environmental Change* 19(1): 13-25.

Özkazanç, Seher, and Fahriye Nihan Özdemir Sönmez. 2017. "Spatial Analysis of Social Exclusion from a Transportation Perspective: A Case Study of Ankara Metropolitan Area." *Cities* 67: 74-84.

Paganelli, Filippo, Luca Mantecchini, Daniela Peritore, Vincenzo Morabito, Lucia Rizzato, and Alessandro Nanni Costa. 2019. "Evaluation on the Use of Italian High-Speed Rail to Support Transportation Network for Transplantation Activities." *Transplantation Proceedings* 51(9): 2873-2879.

Pampel, F. C., and Hunter, L. M. 2012. "Cohort Change, Diffusion, and Support for Environmental Spending in the United States." *American Journal of Sociology* 118(2): 420-448.

Pampel, Fred C. 2014. "The Varied Influence of SES on Environmental Concern." *Social Science Quarterly* 95(1): 57-75.

Panayotou, Theodore. 1997. "Demystifying the Environmental Kuznets Curve: Turning a Black Box into a Policy Tool." *Environment and Development Economics* 2(4): 465-484.

Peakall, David B. and Helmut Fritz Van Emden. 1996. *Beyond Silent Spring: Integrated Pest Management and Chemical Safety*. London: Chapman and Hall.

Pellow, David Naguib, Hollie Nyseth Brehm. 2013. "An Environmental Sociology for the Twenty-First Century." *Annual Review of Sociology* 39(1): 229-250.

Piracha, Awais, Chyi Lin Lee, Michael Darcy, Hazel Blunden, and Susanna Rouillard. 2014. *Estimating Transport Disadvantage and Unmet Transport Need: Methodological Options: Final Report*. Penrith, N. S. W.: University of Western Sydney.

Poortinga, Wouter, Linda Steg, and Charles Vlek. 2004. "Values, Environmental Concern, and Environmental Behavior: A Study into Household Energy Use." *Environment and Behavior* 36(1): 70-93.

Preston, Ian, Vicki White, Joshua Thumim, Toby Bridgeman, and Christian Brand. 2013. *Distribution of Carbon Emissions in the UK: Implications for Domestic Energy Policy*. London: Joseph Rowntree Foundation.

Preston, John, and Fiona Rajé. 2007. "Accessibility, Mobility and Transport-Related Social Exclusion." *Journal of Transport Geography* 15(3): 151-160.

Putnam, Robert D. 1993. *Making Democracy Work: Civic Traditions in Modern Italy*. Princeton: Princeton University Press.

Putnam, Robert D. 1995. "Tuning in, Tuning out: The Stranger Disappearence of Social Capital in America." *Political Science and Politics* 28(4): 664-683.

Rajé, Fiona. 2003. "The Impact of Transport on Social Exclusion Processes with Specific Emphasis on Road User Charging." *Transport Policy* 10(4): 321-338.

Rashid, Kushairi, and Tan Yigitcanlar. 2015. "A Methodological Exploration to Determine Transportation Disadvantage Variables: The Partial Least Square Approach." *World Review of Intermodal Transportation Research* 5(3): 221-239.

Red Green Study Group（英國紅綠研究會）. 1995. *What on Earth Is to Be Done?* 吳昱賢、邱毓斌、邱花妹譯，2002，《究竟該怎麼辦？》。高雄：高雄市勞工局。

Renn, Ortwin. 2008. *Risk Governance: Coping with Uncertainty in a Complex World.* London: Earthscan.

Resurrección, B.P. 2013. "Persistent women and environment linkages in climate change and sustainable development agendas." *Women's Studies International Forum*, 40, 33-43. Available from: https://www.sciencedirect.com/science/article/pii/S0277539513000599.

Roberts, Marion, Tony Lloyd-Jones, Bill Erickson, and Stephen Nice. 1999. "Place and Space in the Networked City: Conceptualizing the Integrated Metropolis." *Journal of Urban Design* 4(1): 51-66.

Roder, Giulia, Tjuku Ruljigaljig, Ching-Weei Lin, and Paolo Tarolli. 2016. "Natural Hazards Knowledge and Risk Perception of Wujie Indigenous Community in Taiwan." *Natural Hazards* 81(1): 641-662.

Saelim, Supawan. 2019. "Carbon Tax Incidence on Household Demand: Effects on Welfare, Income Inequality and Poverty Incidence in Thailand." *Journal of Cleaner Production* 234: 521-533.

Scheepers, C. E., Wendel-Vos, G. C. W., den Broeder, J. M., van Kempen, E. E. M. M., van Wesemael, P. J. V., and Schuit, A. J. 2014. "Shifting from Car to Active Transport: A Systematic Review of the Effectiveness of Interventions." *Transportation Research Part A: Policy and Practice* 70: 264-280.

Schultz, P. Wesley 2001. "The Structure of Environmental Concern: Concern for Self, Other People, and the Biosphere." *Journal of Environmental Psychology* 21(4): 327-339.

Sen, Amartya K. 1981. *Poverty and Famines: An Essay on Entitlement and Deprivation.* Oxford: Clarendon Press.

Sheehy, Benedict .2015. "Defining CSR: Problems and Solutions" *Journal of Business Ethics* 131(3): 625-648.

Shove, Elizabeth. 2002. *Rushing around: Coordination, Mobility and Inequality.* Lancaster: Department of Sociology, Lancaster University.

Slovic, Paul. 2000. *The Perception of Risk.* London, UK: Earthscan.

Slovic, Paul. 2010. *The Feeling of Risk.* London, UK: Earthscan.

Social Exclusion Unit. 2003. *Making the Connections: Final Report on Transport and Social Exclusion: Summary.* Social Exclusion Unit.

Solomon, Juliet. 2003. "What is Transport Social Exclusion?" Pp. 151-156 in *Delivering Sustainable Research: A Social Science Perspective*, edited by Amanda Root. Amsterdam: Pergamon.

Sorrell, Steve. 2009. "Jevons' Paradox Revisited: The Evidence for Backfire from Improved Energy Efficiency." *Energy Policy* 37(4): 1456-1469.

Sovacool, Benjamin K., Shannon Elizabeth Bell, Cara Daggett, Christine Labuski, Myles Lennon, Lindsay Naylor, Julie Klinger, Kelsey Leonard, and Jeremy Firestone. 2023. "Pluralizing Energy Justice: Incorporating Feminist, Anti-Racist, Indigenous, and Postcolonial Perspectives." *Energy Research and Social Science* 97: 102996.

Stanley, Janet, and Dianne Vella-Brodrick. 2009. "The Usefulness of Social Exclusion to Inform Social Policy in Transport." *Transport Policy* 16(3): 90-96.

Stanley, John, and Janet Stanley. 2004. *Improving Public Transport to Meet Community Needs: A Warrnambool Case-Study*. Melbourne: Bus Association Victoria and Warrnambool Bus Lines.

Stern, H. J., 2020. Better Bonus Plans for ESG, submitted Working Paper, SSRN: https://ssrn.com/abstract=3611652

Sunstein, Cass R. 2013 Behavioral Economics, Consumption, and Environmental Protection. Handbook on Research in Sustainable Consumption (Lucia Reisch & John Thøgersen eds.), Available at SSRN: https://ssrn.com/abstract=2296015.

Szulecki, Kacper; Overland, Indra. 2020. "Energy Democracy as a Process, an Outcome and a Goal: A Conceptual Review." *Energy Research & Social Science* 69: 101768. doi:10.1016/j.erss.2020.101768.

Thøgersen, John. 2018. "Transport-Related Lifestyle and Environmentally-Friendly Travel Mode Choices: A Multi-Level Approach." *Transportation Research Part A: Policy and Practice* 107: 166-186.

Thombs, Ryan P. 2019. "When Democracy Meets Energy Transitions: A Typology of Social Power and Energy System Scale." *Energy Research & Social Science* 52: 159-168.

Ting, Yun-Chung and Thung-Hong Lin, 2021, "For Security or Sustainability? Investigating the Global Nexus of Nuclear Power, Democracies, and Civil Society" *Energy Research & Social Science* 81(2): 102284.

Ting, Y-C, Lin, T-H, and S-Y Lee, 2023, "Hidden Drivers of Sustainable Energy Transition: The Effects of Economic Growth, Democracy, and Gender Equality on the Development of Renewable Energy" has been accepted at the XX ISA World Congress of Sociology held in Melbourne, Australia, from June 25, 2023, to July 1, 2023.

Tiwari, Geetam. 2003. "Transport and Land-Use Policies in Delhi." *Bulletin of the World Health Organization* 81: 444-450.

Tomain, Joseph P. 2017. *Clean Power Politics: The Democratization of Energy*. Cambridge, United Kingdom: Cambridge University Press.

Tomanek, Robert. 2017. "Free-Fare Public Transport in the Concept of Sustainable Urban Mobility." *Transport Problems* 12: 95-105.

Tuan, Vu Anh. 2011. "Dynamic Interactions between Private Passenger Car and Motorcycle Ownership in Asia: A Cross-Country Analysis." *Journal of the Eastern Asia Society for Transportation Studies* 9: 541-556.

Ubaidillah, Nur Zaimah Binti. 2019. *Determinants of Car and Motorcycle Ownership and Use in Sarawak*. Unpublished doctoral dissertation, Institute for Transport Studies, University of Leeds, West Yorkshire.

Van Acker, Veronique, BeggaV an Cauwenberge, and Frank Witlox. 2013. "MaxSUMO: A New Expert Approach for Evaluating Mobility Management Projects." *Promet-Traffic and Transportation* 25(3): 285-294.

Van Berkel, Rik. and Iver Hornemann Møller. 2002. "Introduction." Pp.1-14 in *Active Social Policies in the EU: Inclusion through Participation?*, edited by Berkel, Rik Van, and Møller, Iver Hornemann. Bristol: The Policy Press.

Van den Bergh, Jeroen C. J. M., Arild Angelsen, Andrea Baranzini, W. J. W. Botzen, Stefano Carattini, Stefan Drews, Tessa Dunlop, Eric Galbraith, Elisabeth Gsottbauer, Richard B. Howarth, Emilio Padilla, Jordi Roca, and Robert C Schmidt. 2020. "A Dual-Track Transition to Global Carbon Pricing." *Climate Policy* 20(9): 1057-1069.

Van Veelen, Bregje, and Dan van der Horst. 2018. "What is Energy Democracy? Connecting Social Science Energy Research and Political Theory." *Energy Research and Social Science* 46: 19-28.

Veblen, Thorstein. 1899. *The Theory of the Leisure Class: An Economic Study of Institutions.* New York: Dover Publications.

Vicente, P., Marques, C., and Reis, E. 2021. "Willingness to Pay for Environmental Quality: The Effects of Pro-Environmental Behavior, Perceived Behavior Control, Environmental Activism, and Educational Level." *SAGE Open* 11(4). https://doi.org/10.1177/21582440211025256

Wahlund, Madeleine, and Jenny Palm. 2022. "The Role of Energy Democracy and Energy Citizenship for Participatory Energy Transitions: A Comprehensive Review." *Energy Research and Social Science* 87:102482.

Wann, David. 2007. *Simple Prosperity: Finding Real Wealth in a Sustainable Lifestyle.* New York: St. Martin's Griffin.

Wei, A. T. Ang, V.E. Jancenelle, 2018. "Willingness to Pay More for Green Products: the Interplay of consumer Characteristics and Customer Oarticipation. J. Retailing Consum." Serv. 45: 230-238.

Welch, Timothy F. 2013. "Equity in Transport: The Distribution of Transit Access and Connectivity among Affordable Housing Units." *Transport Policy* 30: 283-293.

Welch, Timothy F., and Sabyasachee Mishra. 2013. "A Measure of Equity for Public Transit Connectivity." *Journal of Transport Geography* 33: 29-41.

West, Sarah E. 2005. "Equity Implications of Vehicle Emissions Taxes." *Journal of Transport Economics and Policy* 39(1): 1-24.

Willand, Nicola, and Ralph Horne. 2018. "They are Grinding Us into the Ground -The Lived Experience of (in) Energy Justice amongst Low-Income Older Households." *Applied Energy* 226: 61-70.

Willis, K. G., G. D. Garrod, P. Shepherd. 1996. Towards a methodology for costing biodiversity targets in the UK. Report to the Department of the Environment, HMSO, London.

Wolf, Johanna, W. Neil Adger, Irene Lorenzoni, Vanessa Abrahamson, and Rosalind Raine. 2010. "Social Capital, Individual Responses to Heat Waves and Climate Change Adaptation: An Empirical Study of Two UK Cities." *Global Environmental Change* 20(1): 44-52.

World Health Organization. 2015. *Deaths on the Roads: Based on the WHO Global Status Report on Road Safety.* Geneva: World Health Organization.

Wright, Erik Olin. 1985. *Classes*. London: Verso.

Wright, Erik Olin. 2010. *Envisioning Real Utopias*. London: Verso.

Xia, Jianhong, Joshua Nesbitt, Rebekah Daley, Arfanara Najnin, Todd Litman, and Surya Prasad Tiwari. 2016. "A Multi-Dimensional View of Transport-Related Social Exclusion: A Comparative Study of Greater Perth and Sydney." *Transportation Research Part A: Policy and Practice* 94, 205-221.

Yergin, Daniel. 2011. *The Prize: The Epic Quest for Oil, Money*. 薛絢譯,《石油世紀:億萬歲月積累黑金 150 年》。台北:時報文化。

Yergin, Daniel. 2022. *The New Map: Energy, Climate, and the Clash of Nation*. 季晶晶譯,《全球新版圖:頁岩油、電動車、再生綠能,21 世紀能源大國的戰略布局與衝突》。台北:聯經。

Yigitcanlar, Tan, Afzan Mohamed, Md Kamruzzaman, and Awais Piracha. 2019. "Understanding Transport-Related Social Exclusion: A Multidimensional Approach." *Urban Policy and Research* 37(1): 97-110.

Yigitcanlar, Tan, Jago Dodson, Brendan Gleeson, and Neil Sipe. 2005. *Sustainable Australia: Containing Travel in Master Planned Estates*. Brisbane: Griffith University.

Yu, Ming Miin. 2008. "Productivity Change and the Effects of the Enhancement of the Mass Transportation Programme on the Bus Transit System in Taiwan." *Transport Reviews* 28(5): 573-592.

Zhang, Shengrun, and Frank Witlox. 2019. "Analyzing the Impact of Different Transport Governance Strategies on Climate Change." *Sustainability* 12(1): 1-20.

Zinn, Jens O. (Ed.). 2008. *Social Theories of Risk and Uncertainty: An Introduction*. Blackwell, Oxford, Blackwell: Oxford-Malden(MA).

Zuo, Ting, Heng Wei, Na Chen, and Chun Zhang. 2020. "First-and-Last Mile Solution via Bicycling to Improving Transit Accessibility and Advancing Transportation Equity." *Cities* 99: 1-14.

Sociology of Decarbonization: The Public Opinion and Challenges of Taiwan's Net-Zero Transition

Thung-Hong Lin, Keng-Ming Hsu, Hsin-Huang Michael Hsiao

Abstract

Net-zero carbon reduction has become the core goal of global climate action, aiming at reducing greenhouse gas emissions. The genesis of this concept stems from apprehensions about the consequences of climate change and the pressing demand for sustainable development. Prior research has shown that climate change has had a serious impact on the planet's ecosystems and human society, forcing countries, companies, and individuals around the world to work together and take positive actions. Net-zero carbon reduction necessitates collaboration across various perspectives, including changes in public policies, corporate practices, social structures, and personal lifestyles. Many stakeholders have already committed to "net-zero emissions" and expressed their willingness to do their part. The implementation of net-zero carbon reduction is not only a technical challenge, but also a process of social transformation, including technological innovation, resource reallocation, and the improvement of public awareness, all of which are indispensable elements to achieve the goal.

Currently, countries worldwide are initiating the development of energy transition plans and policies, aiming for net-zero targets, and Taiwan is certainly willing to be a member of the international community. In Taiwan, if we expect to achieve the goal of net-zero emissions in 2050, we need to develop appropriate action plans, addressing various aspects, such as the industry, daily life, and energy to guide the Taiwanese people to change their lifestyle on the journey towards achieving net-zero. It is crucial to guide the Taiwanese people in transforming their lifestyle on the journey towards achieving net zero.

On the Earth Day 2021, President Tsai announced that the 2050 net-zero transformation would be Taiwan's goal, and various adaptation strategies needed to be implemented to achieve a net zero emission economy. In Taiwan, the "General Statements of Taiwan's 2050 Net-Zero Emission Path and Strategies" announced by the government clearly and precisely provide guidelines related to net-zero in order to strengthen key technologies and innovative research as well as to assist advanced industries in going green. Taiwan's 2050 Net-Zero Emission Path and Strategies aim to create economic opportunities and foster a green economy in hopes of sustaining stable economic growth. Taiwan's net-zero emission path mainly includes four major transformation goals: "energy transformation", "industrial transformation", "life transformation", and "social transformation." The content of this book is in line with these four transformation goals.

This book provides a relevant sociological analysis of the net-zero life paradigm. In addition to outlining the evolution of environmental sociology research in Taiwan, we mainly focus on the core issues of carbon reduction sociology. In each chapter, we employ a sociological perspective and implement questionnaire surveys to examine

Taiwanese people's intentions behind carbon reduction to understand their consumption habits and willingness to increase taxes and living expenses to achieve carbon reduction goals. Additionally, we also explore the interplay of social class, transportation inequality, and carbon reduction policy preferences by investigating the general public's attitudes towards energy-saving and green industries in Taiwan. It is suggested that public opinion analysis is of significant importance to support Taiwan's carbon reduction policy. Finally, policy recommendations are also provided to help our country successfully achieve the goal of net-zero carbon emissions in 2050.

This book includes six chapters. In Chapter One, we aim to explore the transformation of Taiwanese people from engaging in self-help protests to adopting net-zero lifestyles. Six important human and social factors related to Taiwanese people's reactions to the carbon reduction policy were identified, including environmental awareness and risk perceptions, socioeconomic conditions, social capital for citizen participation, gender roles, socio-economic exclusion, eco-politics, and businesses' stance on generating profits. In Chapter Two, we delve into the environmental attitudes and behaviors of the public, introduce the design of the questionnaire, explore descriptive statistics, examine simple correlations, and lay the groundwork for further analysis in the upcoming chapters.

Chapter Three explores the public's readiness to decrease carbon emissions and their willingness to tolerate tax or price increases. The chapter also examines the controversies surrounding the ecological modernization approach and treadmill of production theory. Furthermore, we also investigate the extent of energy conservation and carbon reduction in the daily lives of individuals in Taiwan. We aim to understand the current impact of political and social factors on the public's willingness to cover environmental costs. In Chapter Four, we investigate the transportation lifestyle of Taiwanese people, examining their preferences and attitudes regarding policies aimed at reducing carbon emissions in the transportation sector. Additionally, this chapter also outlines the pertinent policies and the orientation of interests within the transportation department.

In Chapter Five, we examine the attitudes of Taiwanese people toward energy transition and policies related to high energy-consuming industries. The results suggest that for a successful transition to a net-zero lifestyle and society, the government should consider the preferences of its citizens. In addition, we also focus on the responses of vulnerable groups to pertinent carbon reduction policies. The results indicate that the public's stance on nuclear power is closely tied to politics and social movements. Finally, Chapter Six concludes with a summary of the main findings and provides policy recommendations for Taiwan's transition towards a net-zero society.

We would like to express our sincere gratitude to Academia Sinica for its funding support on our research projects, "Environmental Consciousness Survey of Taiwan Deep Decarbonization and Sustainable Transformation" (No. AS-SS-110-06) and "Towards Deep Decarbonization Society: Environmental Conscious Survey" (No. AS-KPQ-106-DDPP). Furthermore, we would also like to thank Academia Sinica for providing opportunities for academic exchange.

Contents